LA CRISI INFINITA

Eugenio Benetazzo

ISBN 978-15-00-95204-4

I lettori che desiderano informarsi sulle opere e sulle attività dell'autore possono consultare **www.eugeniobenetazzo.com**

Stampa on demand a cura di CreateSpace, an Amazon.com Company nel pieno rispetto del patrimonio boschivo. Revisione del testo ed impaginazione nel mese di Agosto 2014.

An investment in knowledge pays the best interest
Benjamin Franklin

INDICE

TERZA PARTE

PREFAZIONE

Solitamente questa parte in ogni libro viene utilizzata dall'autore per illustrare alcuni contenuti sviluppati nel corso dei vari capitoli, oppure per riportare il contributo esterno di un personaggio solitamente VIP, che sostiene con la sua firma il pensiero sviluppato dall'autore. Questa prefazione vuole invece essere non convenzionale. Sin da subito vuole enfatizzare quello che sarà uno dei temi dominanti sviluppati all'interno dell'opera ovvero il fatto che stiamo vivendo una nuova rivoluzione industriale, non solo la stiamo vivendo ma ne stiamo facendo parte. Chi è un lettore fedele delle mie pubblicazioni si chiederà in questo momento "ma perché Amazon? perché questa volta l'autore ha voluto pubblicare il suo nuovo lavoro con Amazon abbandonando il prestigioso sodalizio con i precedenti editori?".

La risposta a tale quesito vuole essere il libro stesso concepito come esempio del cambiamento epocale che stiamo vivendo. Siamo in piena rivoluzione industriale: se stai leggendo il libro, hai avuto due modi per procurartelo, l'acquisto online della sua versione cartacea attraverso il sito di Amazon oppure l'acquisto online della sua versione non tangibile in formato e-book. Amazon è la più grande libreria online ed anche il più grande editore online, consente di poter sfruttare tutte le sue straordinarie potenzialità tanto agli autori affermati quanto ai neofiti. Moltissimi lettori del mio portale professionale mi hanno scritto dall'estero negli anni precedenti, sottolineando come per loro fosse arduo o praticamente impossibile poter acquistare un mio libro essendo residenti magari in Germania, Inghilterra, Stati Uniti, Cina o come mi è capitato di sapere recentemente addirittura Sudafrica. Chiaramente sto parlando di lettori di lingua italiana che seguono con assiduità e periodicità i miei scritti, le mie pubblicazioni ed anche i miei videoclip pubblicati sul canale di YouTube. Gli editori tradizionali, quelli con cui ho scelto di pubblicare negli anni precedenti, sono incapaci di poter far fronte a questo tipo di richieste, nel senso che la loro struttura commerciale non è in grado di vendere il libro al di fuori dei confini nazionali e soprattutto per corrispondenza. Amazon risolve questo tipo di necessità, infatti grazie alla tecnologia del print on demand, il libro viene stampato in tempo reale, impacchettato e spedito in qualsiasi parte del mondo a tariffe di spedizione molto competitive. Un secondo aspetto che mi ha spinto a prediligere Amazon è l'esigenza di poter avere il libro disponibile a tempo indefinito.

Quando ci si affida ad un editore tradizionale, quest'ultimo solitamente definisce una tiratura dell'edizione e un quantitativo di stoccaggio da depositare presso il proprio magazzino merci. Chi vende de facto il libro in Italia sono le librerie tradizionali, in buona sostanza sono loro che esprimono il potenziale di vendita di un libro mediante le richieste di prenotazione che fanno allo stesso editore.

Questo significa che qualsiasi libro, per quanto sia prestigioso il suo autore e per quanto sia interessante il contenuto in esso rappresentato, ha un ciclo di vita solitamente molto ristretto, che può andare dai tre ai sei mesi. Terminata la finestra di lancio editoriale, difficilmente lo troverete a lungo disponibile negli scaffali delle librerie, a meno che non sia nel frattempo diventato un best seller nazionale. Ecco per quale motivo molti libri che non vendono con regolarità periodica possono essere difficilmente disponibili, in quanto l'editore può decide di mandare ad esempio i libri non venduti al macero. Questo accade praticamente quasi sempre con la saggistica, i romanzi e soprattutto gli instant book, ovvero quei libri che vengono scritti in pochissimo tempo su argomenti che sono particolarmente caldi dettati dalla cronaca o da eventi di risonanza. Amazon risolve tutte queste criticità in quanto il titolo del libro rimane sempre disponibile per tutto il tempo che desidera l'autore, essendo il libro stampato e pubblicato sempre e solo on demand.

Questo tipo di soluzione editoriale, che è appena agli albori, rappresenta il futuro dell'industria editoriale in quanto consentirà ad ogni autore di bypassare gli accordi distributivi e i rigidi vincoli contrattuali tipici delle grandi case editrici. Amazon con i suoi servizi di stampa on demand consente anche di trasmettere un maggior coinvolgimento dell'autore nel rispetto e nella sensibilizzazione di tematiche legate alla sostenibilità ambientale, in quanto in questo modo vengono evitati i maceri dei libri non venduti e gli inutili acquisti di carta per copie che non verranno mai vendute. Un'altra motivazione che mi ha spinto ad abbracciare Amazon, nonostante le lusinghe di alcuni miei precedenti editori che hanno fatto il possibile per mantenermi all'interno della loro scuderia di autori, è rappresentato dall'assenza di censura nell'opera pubblicata.

Generalmente con l'editoria tradizionale il testo che si deve pubblicare, oltre ad una revisione grammaticale, è soggetto anche ad una revisione dei contenuti qualora determinati argomenti trattati dall'autore siano non graditi all'editore. Nel mio caso è accaduto in tre diverse circostanze con tre libri diversi, in cui rispettivamente l'editore in questione mi ha invitato a modificare o letteralmente censurare determinate parti di capitoli legate soprattutto a esternazioni e commenti a sfondo politico.

Amazon è destinato a diventare il più grande market place

online del mondo, in cui sarà possibile acquistare praticamente tutto da ogni parte del mondo. Alcuni di voi pertanto, soprattutto lavoratori all'interno di librerie tradizionali, si chiederanno che fine faranno a questo punto tali punti vendita: la risposta è molto semplice. Spariranno come i negozi di dischi nei prossimi dieci anni. L'industria editoriale convenzionale rappresenta un settore economico che subirà i cambiamenti e le mutazioni della rivoluzione industriale che stiamo vivendo, cambiamenti che sono dovuti in prima battuta dall'impatto ed ingerenza dei nuovi servizi di logistica integrata e successivamente del sempre più crescente utilizzo di dispositivi non tradizionali come il lettore Kindle o altri prodotti similari.

La carta stampata è finita, ha gli anni contati, anno dopo anno il numero di soggetti che acquista un quotidiano o un libro di carta stampata diminuisce costantemente perché aumenta progressivamente il numero di utenti che preferisce acquistare per comodità, o anche per risparmio personale, un libro attraverso un servizio di e-commerce con consegna a domicilio. Senza dimenticare la possibilità di archiviare migliaia di libri all'interno di tali dispositivi online e poterli avere sempre a portata di mano alla velocità di un click. Nei prossimi anni anche gli studenti delle scuole inferiori e superiori oltre alle università abbracceranno queste opportunità e convenienze, pertanto i libri cartacei continueranno ad esistere ma rappresenteranno una nicchia di mercato costantemente in declino.

Termino prima di lasciarvi all'introduzione di questo pamphlet suggerendovi, una volta terminata questa lettura, di iniziare a dedicare tempo ed energie per gli approfondimenti e lo studio di tutte quelle nuove tecnologie che appartengono alla terza rivoluzione industriale come il print on demand, il 3D printing, il clouding ed il near field communication. Il mondo così come lo conosciamo entro i prossimi dieci anni sarà profondamente mutato, circa la metà delle professioni e dei mestieri di oggi scompariranno in quanto diventeranno completamente obsoleti.

Eugenio Benetazzo

INTRODUZIONE

Nel 1989 la caduta del muro di Berlino sancisce la morte di uno dei due modelli economici che sino a qualche decennio prima avevano governato la civiltà umana: il comunismo. A distanza di vent'anni, nel settembre del 2008, il crash finanziario della banca di investimento Lehman Brothers determina e sancisce la fine del modello economico antagonista al comunismo, il capitalismo. Sono passati ormai oltre sei anni dal default della banca americana, un crash finanziario dalle dimensioni epocali che ancora ad oggi non è stato né assorbito e nè metabolizzato. Vi è di più, non solo non è stato metabolizzato, ma addirittura ha amplificato i suoi effetti deleteri e nocivi tanto per i Paesi e le economie coinvolte direttamente ed indirettamente quanto e soprattutto per contribuenti ed investitori che in questi ultimi sei anni hanno dovuto gestire e vivere un cambiamento di cultura economica epocale.

I media nazionali ed internazionali continuano ad utilizzare impropriamente il termine crisi per definire questa fase storica che sembra non aver fine. Da questa considerazione nasce il titolo a questo pamphlet, ovvero "crisi infinita" intendendo con questa dicitura una fase di turbolenza finanziaria e contrazione economica che sembrano non aver fine. Siamo stanchi di leggere sulle principali testate economiche del mondo di come l'anno venturo sarà migliore di quello in corso, così ci è stato detto per il 2010, il 2011, il 2012, il 2013 ed ora il 2014, nel tentativo di trasmettere in qualche modo una sorta di conforto tanto a chi deve cercare lavoro quanto a chi deve portare avanti la propria attività. E' il caso di finirla di utilizzare questi stereotipi, oggi non si può più parlare di crisi quanto eventualmente di un conflitto economico su scala mondiale. Un conflitto che scaturisce da un cambiamento legato al panorama economico planetario, come avremo modo di affrontare all'interno della prima parte del libro in cui verrà analizzata la competizione economica tra i grandi players mondiali dopo l'ingresso della Cina e della Russia nel WTO.

Si parla di conflitto economico su scala mondiale proprio a fronte degli interventi che hanno dovuto effettuare le grandi banche centrali di Giappone, Inghilterra, Europa e Stati Uniti. Senza la mitigazione della tensione finanziaria da parte delle banche centrali oggi ci troveremmo con grande presunzione a vivere un momento di profonda inquietudine economica notevolmente più esacerbata rispetto a quella che già caratterizza la nostra epoca. Le banche centrali in questi ultimi tre anni hanno avuto un ruolo determinante, possiamo considerarle le vere artefici del mantenimento della pace sociale. Solamente grazie al ricorso a grandi interventi di politica monetaria espansiva non convenzionale è stato possibile evitare un peggioramento oltre ogni limite delle principali variabili macroeconomiche.

Le forward guidance delle banche centrali, ovvero le aspettative di intervento della politica monetaria nel breve termine, determinano sia lo spostamento di capitali da un Paese ad un altro e sia il benessere delle nazioni che ne subiscono le conseguenze. La criticità che abbiamo vissuto e che stiamo tuttora vivendo non ha caratterizzato esclusivamente le economie occidentali, ma anche i paesi asiatici. In buona sostanza nubi all'orizzonte anche per Giappone e Cina, che verranno affrontati con approfondimento nella seconda parte del pamphlet. Ricordiamo da questo punto di vista come il Paese del Sol Levante, grazie al governo del suo attuale primo ministro Abe Shinzo, sta attuando il più grande esperimento di politica monetaria nella storia della civiltà umana. Un esperimento che potrebbe trasformarsi anche in una grande bomba ad orologeria destinata a manifestare le sue spiacevoli conseguenze nei prossimi cinque anni qualora l'economia giapponese non sarà in grado di generare una crescita vigorosa a fronte degli ingenti interventi monetari messi in atto dal governo giapponese. Su scala planetaria il fallimento Lehman Brothers rappresenta ancora una cicatrice indelebile che non si è rimarginata completamente.

La turbolenza finanziaria che ha contraddistinto questi ultimi tre anni, dalla crisi del debito sovrano esplosa in Unione Europea sino alla necessità di ricapitalizzazione forzata delle grandi banche sistemiche, fa comprendere come le conseguenze devastanti sul piano finanziario siano tutt'altro che superate: è molto plausibile aspettarsi un intero decennio contraddistinto da una fase di grande depressione economica su scala mondiale. In questo scenario tenteremo di inserire ed analizzare il quadro macroeconomico e socioeconomico del nostro Paese, l'Italia, che può essere oggi battezzata come la brutta addormentata, un Paese ultraconservatore che ha dato modo di dimostrarlo proprio durante l'ultima tornata elettorale per il rinnovamento del Parlamento europeo, facendo capire come, nonostante le criticità che la contraddistingue, il vecchio stivale sia una nazione al cui interno non riescono ad emergere forze e istanze di rinnovamento.

Il libro si vuole soffermare anche su Paesi che fino a dieci anni fa dovevano rappresentare il nuovo motore per l'intera economia planetaria, mi sto riferendo ai BRICS, i quali invece hanno recentemente diminuito in misura considerevole la loro velocità di crescita economica. Per questo motivo il pamphlet è costruito in tre scomparti fra loro separati ma tuttavia contigui, che vogliono essere propedeutici uno con l'altro per la comprensione dei possibili scenari del futuro. Da questo punto di vista, per meglio comprendere la struttura dell'intera opera ed il quadro complessivo che si vuole trasmettere, si ritiene necessario e fondamentale partire dall'origine del male, attraverso un approccio critico e fuori dal coro, che i media tradizionali hanno sempre voluto evitare per ragioni di servilismo politico nei confronti dell'establishment attuale, tanto statunitense quanto europeo.

Eugenio Benetazzo

PRIMA PARTE

La virtù vera degli esseri umani è quella di saper vivere insieme come degli uguali; di non pretendere altro per sé, tranne ciò che concedono con pari liberalità a tutti gli altri; di considerare qualsiasi posizione di comando come una necessità eccezionale, e in ogni caso temporanea; e di preferire, ogni qual volta sia possibile, un tipo di associazione di individui che consenta alternanza e reciprocità nel guidare ed essere guidati.

John Stuart Mill
Economista inglese del XIX secolo

1. ALLE ORIGINI DEL MALE

Sono passati sei anni ormai dal fallimento Lehman Brothers. Durante questo periodo abbiamo avuto modo di conoscere numerose spiegazioni che hanno tentato di farci comprendere le motivazioni principali che hanno portato tutto il mondo occidentale a vivere e subire le conseguenze della più grande crisi finanziaria ed economica del dopoguerra.

Ho avuto modo di ascoltare numerosi punti di vista di colleghi analisti, di giornalisti economici, di politici, ognuno dei quali ha voluto fornire il proprio contributo puntando il dito sui principali responsabili di questa crisi infinita, che ormai per vox populi sono le banche prese nella loro generalità. Questa è la principale lettura che sino ad oggi si può ritrovare tanto nella stampa finanziaria internazionale quanto nei principali magazine che si sono occupati a produrre opinioni e overview sui principali fatti che hanno caratterizzato l'economia di questo ultimo quinquennio.

Dal 2008 siamo passati al 2010 vivendo quella che è stata definita una double-dip recession, ovvero una recessione a doppia battuta, a doppia ricaduta, prima il crash Lehman nel 2008 e successivamente nel 2010 la crisi del debito sovrano in Europa. Ricordiamo che verso la metà del 2009 numerosi opinion maker e mass media observer sottolineavano con enfasi come già il 2010 sarebbe stato l'anno di uscita dalla crisi finanziaria esplosa nel 2008. Abbiamo visto come e quanto questi ultimi si siano sbagliati platealmente.

Tra il 2011 ed il 2012 abbiamo inoltre vissuto una profonda fase di turbolenza finanziaria che ha colpito in particolar modo l'Unione Europea, andando a far emergere quelle criticità strutturali che poi sono state sanate grazie all'intervento dei banchieri centrali. Il nome che si è deciso di dare a questo capitolo della prima parte ha lo scopo di tornare indietro a molti più anni di quelli che ci separano dal default di Lehman Brothers, andando ad descrivere quei momenti epocali della storia passata in cui possiamo effettivamente individuare l'origine delle nostre attuali difficoltà, puntando il dito su quelli che ancora ad oggi non sono stati mai messi sul tavolo degli imputati in qualità di principali artefici di questa grande crisi economica.

Ripeto, è ampiamente riduttivo puntare il dito solo sulle banche, e per alcuni versi è decisamente fuorviante: questo non significa che le istituzioni finanziarie non siano chiamate a giustificare gran parte del loro operato. Per aiutare il lettore a comprendere le origini e le cause che hanno prodotto questo grande crash finanziario dobbiamo tornare indietro di oltre 30 anni, in particolar modo verso la fine degli anni Settanta, quando gli USA, sotto il mandato di Jimmy Carter, promulgarono un dispositivo di legge denominato Community Reinvestment Act (CRA) che venne concepito per conseguire ambiziosi ideali di equità sociale, ma al tempo stesso anche molto utopici. Il CRA aveva come obiettivo principe quello di aiutare e supportare le minoranze etniche a basso reddito a conseguire finanziamenti e mutui facilitati, soprattutto per l'acquisto di una prima abitazione.

La ratio che supportava l'istituzione del provvedimento si basava su statistiche federali che evidenziavano come in quegli anni l'80% dei bianchi caucasici era proprietario della propria abitazione, contro il 40% degli afroamericani ed il 20% degli ispanici ed orientali. In buona sostanza per non dilungarmi troppo gli USA imposero alle loro banche attraverso questo provvedimento di prestare denaro a persone che in assenza di questo intervento legislativo non sarebbero mai state affidate o lo sarebbero state a condizioni di prestito molto onerose.

Il governo federale si proclamò motore e intermediario di questi prestiti attraverso le cosidette GSE (Government Sponsored Enterprise), Fannie Mae e Freddie Mac, sigle che stanno rispettivamente per Federal National Mortgage Association e Federal Home Loan Mortgage Corporation. In America vige un meccanismo di accesso al credito piuttosto sofisticato, quest'ultimo si basa su un credit score, cioè su un punteggio di merito creditizio, che viene calcolato attraverso un algoritmo matematico che archivia e contabilizza la natura e la storia di ogni pagamento pregresso imputabile a qualsiasi forma di finanziamento che si è assunto a titolo personale. Questo significa che ogni contribuente americano riceve un punteggio in base a come rimborsa il proprio fido revolving della sua carta di credito o il finanziamento che ha ricevuto per acquistare il SUV o il televisore al plasma. Stesso discorso in caso di mutuo contratto per l'acquisto della propria abitazione.

Tale punteggio numerico dal punto di vista matematico esprime la capacità del contribuente di pagare con regolarità un impegno finanziario. Il credit score è inoltre correlato anche alle modalità con cui questi pagamenti periodici vengono effettuati: questo significa che ad esempio il tardivo pagamento di una rata di un mutuo produce una diminuzione del credit score. Per sintetizzare il tutto, il credit score consente di sapere se il soggetto in questione si può permettere un nuovo prestito e soprattutto se è un buon debitore, nel senso che paga regolarmente e quindi è affidabile nella restituzione del prestito.

Il credit score ha una scala di lettura con un minimo a 300 ed un massimo a 850 punti. La clientela migliore, quella con il punteggio nella parte alta tra 700 e 850 è definita

Prime. Chi si trova tra 600 e 700 è definito Mid-Prime, mentre tutti quelli che hanno uno score inferiore a 600 sono i famosi Sub-Prime, di cui abbiamo sentito parlare per anni dopo il fallimento Lehman.

Statisticamente è dimostrato che più il credit score è basso più aumenta il delinquency rate ovvero la percentuale di insolvenza, per questo motivo le condizioni finanziarie di ogni prestito variano in rapporto al proprio credit score. Le minoranze etniche (asiatici, afroamericani ed ispanici) sono generalmente caratterizzate da un basso livello di credit score. Il CRA pertanto nasce con l'intento (direi quasi nobile sulla carta) di dare supporto alle classi sociali più deboli nell'accesso al credito, soprattutto per l'acquisto della prima casa. Questo supporto come si manifestava, come si concretizzava?

Grazie alla garanzia fornita dalle GSE, Government Sponsored Enterprises, ovvero delle agenzie governative che garantivano la tal banca americana qualora il contribuente americano avesse avuto un basso credit score. In questo modo la banca erogava un prestito ad un soggetto con basso punteggio di merito creditizio, sapendo che tale debito sarebbe stato garantito dal governo attraverso le preposte istituzioni finanziarie a supporto della politica del CRA come appunto Freddie-Mac e Fannie-Mae.

Il CRA in buona sostanza diventa un dispositivo di legge varato dai governi democratici degli Stati Uniti per obbligare le banche statunitensi a prestare denaro a soggetti con un basso credit score, i quali in assenza di questo dispositivo non avrebbero potuto accedere con facilità al credito tanto al consumo quanto al credito per l'acquisto della prima casa, in quanto questi ultimi considerati non in grado di far fronte ai propri impegni finanziari.

Vengono istituite anche delle apposite commissioni federali sul territorio volte a controllare che tali obblighi imposti dalla legge siano rispettati, inoltre ad aiutare l'operato di questi watch dogs si affiancano anche associazioni di avvocati che si occupano di avviare una eventuale azione legale contro quella banca che si dovesse rifiutare di erogare un affidamento ad un ispanico, un afroamericano o un asiatico. Vi sono avvocati durante quel periodo storico negli Stati Uniti che forzano a tal punto le modalità di applicazione del CRA, obbligando, attraverso ricorsi ed ingiunzioni, le banche negli States a prestare denaro anche quando non sussistono in assoluto tali presupposti, adducendo come motivazione principale quella della discriminazione razziale.

Avete capito bene? Se foste stati un afroamericano, avreste potuto chiedere l'intervento e l'assistenza ad un avvocato per i diritti civili qualora la banca interpellata per il rilascio di un mutuo vi avesse sbattuto le porte in faccia o vi avesse manifestato il suo diniego a causa del vostro basso credit score. Uno dei tanti e famosi avvocati che si è fatto strada percorrendo questa opportunità professionale, vale a dire obbligare le banche a prestare denaro a soggetti che non meritavano di ricevere prestito, è stato proprio Barack Obama, l'attuale Presidente degli Stati Uniti d'America.

Il CRA rappresenta il nostro vaso di Pandora, diventa il bubbone che inizia a gonfiarsi negli USA, diventando 20 anni dopo un cancro le cui dimensioni rischiano di compromettere tutta l'integrità e la stabilità finanziaria degli Stati Uniti d'America.

E proprio la stabilità finanziaria, quella che per 70 anni è stata salvaguardata in tutto il mondo occidentale dopo il grande crollo di borsa del 1929, viene messa profondamente in discussione a seguito del varo di un altro dispositivo di legge alla fine degli anni Novanta, precisamente nel 1999, sempre per mano e volontà di un altro governo democratico, questa volta guidato da Bill Clinton. Stiamo parlando del Gramm–Leach–Bliley Act, varato su disegno e istanza del senatore William Philip Gramm (lobbista di UBS), il quale volle riformare e modernizzare profondamente i mercati finanziari statunitensi adducendo che la loro deregolamentazione unita all'utilizzo degli strumenti derivati avrebbe rafforzato nel suo complesso tutto il sistema finanziario statunitense e soprattutto avrebbe consentito agli Stati Uniti di poter incrementare il volume dei capitali attirati da Wall Street.

Il Gramm Act abrogò un altro precedente dispositivo di legge, il Glass-Steagall Act, istituito subito dopo il 1929, che aveva a suo tempo prodotto una netta separazione tra le istituzioni bancarie e quelle finanziarie ovvero tra soggetti istituzionali che si occupavano di effettuare esclusivamente attività di gestione del credito e soggetti che si occupano di effettuare attività di consulenza e gestione di investimento. In buona sostanza attraverso quel dispositivo di legge, il Glass-Steagall Act, venne varata una straordinaria suddivisione delle banche degli Stati Uniti e delle loro istituzioni finanziarie, suddividendole in banche che si potevano occupare esclusivamente di attività di prestito e banche che si potevano occupare esclusivamente di attività di investimento.

Questa suddivisione riesce a durare per oltre 70 anni, fino a quando arriva un senatore che convince il governo democratico di Clinton ad abolire gran parte dell'impianto normativo del Glass-Steagall Act e a rendere il mercato finanziario statunitense privo di quei controlli e di quelle tutele che sino a quel momento lo avevano sempre protetto. Pertanto si dà il via a quella grande fase di trasformazione che viene oggi ricordata come la deregolamentazione dei mercati finanziari.

Il CRA unito al Gramm Act producono le condizioni di mercato che rendono possibile il propagarsi del contagio finanziario in tutto il pianeta. Grazie alla deregolamentazione avviata con il Gramm Act è stato possibile istituire fondi di investimento immobiliari specializzati nella cartolarizzazione dei mutui erogati a persone con un basso credit scoring. Sempre grazie al Gramm Act tali mutui sono stati inseriti all'interno del portafoglio di fondi di investimento che grazie alla compiacenza delle agenzie di rating venivano venduti promettendo un rendimento prestabilito ed il capitale protetto.

Questo almeno sulla carta, in quanto gli immobili gravati da ipoteca non avrebbero dovuto subire ingenti perdite di valore. Arriviamo al 15 Settembre del 2008, la data che vede l'incapacità di Lehman Brothers di far fronte ai propri impegni, in quanto il modello statistico sul quale si base tutta l'attività di compravendita di ABS (asset backed security) all'interno della banca di investimento collassa su se stesso a fronte di delinquency rate che statisticamente non si erano mai visti prima negli ultimi 30 anni. Hanno anche girato un film su questo fatto storico, "Margin Call", in cui si narrano le venti ore che precedono l'annuncio di default di Lehman Brothers e soprattutto le modalità che generano e causano tale default.

Il marcio degli Stati Uniti in questo modo contagia ed infetta tutta l'economia occidentale e parte di quella orientale. Proprio grazie alla deregulation è stato possibile creare delle obbligazioni strutturate distribuite ad esempio presso banche di credito cooperativo italiano o qualsiasi altra banca popolare in cui all'interno vi era una percentuale del capitale investito in mutui cosiddetti Sub-Prime.

Quello che è accaduto dopo il 2008 la nostra memoria ce lo rammenta forse anche quasi ogni giorno, di fatto non è cambiato nulla perché la situazione di criticità che avevano le grandi istituzioni finanziarie e le banche sistemiche sono state risolte ricorrendo alla fiscalità diffusa, quindi le perdite incolmabili - sotto forma di crediti ormai inesigibili - che avevano questi colossi finanziari sono state incamerate e metabolizzate dai rispettivi governi di ogni nazione, le quali a loro volta hanno gestito il tutto attraverso il ricorso a nuova fiscalità diffusa, politiche di austerity e conseguenti ristrettezze nella gestione dell'erogazione del credito. La facilità con la quale è stato concesso credito negli anni precedenti ha generato come sappiamo tutti la famosa real estate bubble, la bolla sul mercato immobiliare, che aveva già dato i primi segnali di instabilità durante il 2007, negli USA con il caso New Century Financial e nel Regno Unito con il caso Northern Rock.

Non è cambiato niente dal 2008, si è solo trasferito un debito dalla tasca destra, quella delle grandi istituzioni bancarie, alla tasca sinistra, quello dei governi. Tutt'oggi ci troviamo nelle condizioni di continuare a subire le conseguenze di questa exit strategy che si è trasformata ormai non in una recessione temporanea ma in una crisi infinita.

2. IL CONTESTO MONDIALE

Molti leader politici e molti opinionisti economici in questi ultimi due anni si sono preoccupati di proporre varie soluzioni per provare a risolvere quanto sta accadendo, soprattutto sottolineando come molti Paesi, tra cui l'Italia, non possono più di tanto uscire con facilità da questa situazione di criticità non potendo ricorrere a strumenti adeguati, uno di questi è la sovranità monetaria.

E' difficile oggi pensare di individuare una soluzione esclusivamente ricorrendo all'applicazione di un dispositivo di legge o di un determinato strumento operativo istituito ad hoc, di certo periodi storici straordinari presuppongono strumenti di risoluzione straordinari. Non è ipotizzabile uscire dal tunnel in cui siamo entrati con facilità e soprattutto con rapidità.

Questa considerazione scaturisce non tanto dalla turbolenza finanziaria che ha caratterizzato questi ultimi due anni, ma soprattutto dalla convinzione e constatazione che ormai riportare l'economia allo stato di pre-crisi, consentendo ai rispettivi Paesi e popolazioni di poter recuperare sia lo stato di benessere che lo stato di serenità finanziaria e crescita economica, sia un'utopia.

Questa affermazione presuppone l'analisi e la definizione del contesto mondiale in cui oggi ci troviamo a vivere, uno scenario planetario che è cambiato troppo velocemente, soprattutto in Occidente, dando poco tempo ai governi e ai rispettivi Paesi di potersi dotare degli strumenti necessari alla competizione nel decennio che abbiamo innanzi.

Fino a prima del 2000 l'economia mondiale si reggeva

ancora sullo scontro economico tra paesi ex-comunisti e paesi capitalisti, in buona sostanza per circa 30 anni il mondo si è retto su un modello bipolare in cui avevamo gli Stati Uniti da una parte con l'affiancamento del vecchio continente ed il Giappone, e dall'altra il resto del mondo socialista ed ex-comunista. Con l'ingresso della Cina nel WTO e recentemente anche della Russia, l'economia mondiale ha trasformato la sua pelle ed oggi il pianeta si regge su un arcipelago di aree macroeconomiche una diversa dall'altra ed ognuna in competizione con l'altra, quindi un modello multipolare.

Vale a dire che gli Stati Uniti debbono competere con l'Unione Europea, la quale deve competere con la Cina, la quale deve competere con l'India, la quale deve competere con il nuovo blocco sudamericano, il quale deve competere con il Giappone, il quale deve competere con l'Australia, la quale deve competere con i Paesi emergenti del Nord Africa. Per dirla con una espressione colorita, si tratta di un conflitto economico su scala globale, in cui non si fanno prigionieri e quello che conta è il risultato finale in termini di benessere economico, stabilità sociale e crescita del proprio prodotto interno lordo. Per questo non è pensabile ritornare ad un'epoca pre-crisi, proprio perché in poco tempo si sono venute a creare delle conflittualità tra le diverse aree del pianeta che hanno mutato la tipologia e la dimensione della crescita economica dei Paesi occidentali che un tempo trainavano considerevolmente tutta l'economia mondiale.

3. BANCHE CENTRALI UBER ALLES

In questi ultimi tre anni è pacifico riconoscere ormai un ruolo da protagoniste nella scena mondiale alle banche centrali di Stati Uniti ed Unione Europea, rispettivamente Federal Reserve e BCE. Entrambe queste istituzioni, anche se utilizzando strumenti operativi e tempistiche di intervento diverse fra di loro, hanno consentito una mitigazione della turbolenza finanziaria ed un assestamento della tensione finanziaria che si era venuta a creare, soprattutto alla fine del 2008 negli Stati Uniti ed alla fine del 2011 in Unione Europea.

Entrambe queste istituzioni finanziarie centrali hanno voluto adottare politiche monetarie espansive volte all'abbassamento dei tassi di interesse a medio-lungo termine: oggi viviamo in un epoca in cui, per esternazione degli stessi banchieri centrali, Yellen e Draghi, i tassi di interesse rimarranno a livelli quasi pavimentali per numerosi anni, nello specifico 0.10% il livello di tasso di sconto negli Stati Uniti e 0.15% quello in Eurozona.

Siamo ai minimi storici di sempre, questo deve far comprendere la situazione di criticità e di straordinarietà che stiamo vivendo. Prima di analizzare singolarmente le misure di politica monetaria attuate da ognuna di queste due istituzioni finanziarie, è doveroso soffermarsi sull'importanza che oggi hanno assunto le cosiddette forward guidance delle banche centrali. Questo termine è utilizzato nel mondo finanziario per rappresentare le indicazioni da parte di una banca centrale di come si modificheranno i tassi di interesse in futuro.

Sostanzialmente rappresentano delle esternazioni esplicite alle comunità finanziarie e alla stampa finanziaria di settore di come si modificheranno e si comporteranno i tassi di interesse nei semestri a venire. Le forward guidance oggi sono diventate uno degli elementi chiave determinanti tanto per decisioni di investimento strategico quanto per l'attuazione di politiche fiscali da parte dei singoli governi in simbiosi pertanto con l'andamento atteso dei tassi di interesse. Proprio le forward guidance della Federal Reserve hanno, negli ultimi 18 mesi, prodotto uno dei fenomeni finanziari più virulenti negli ultimi dieci anni, stiamo parlando del cosiddetto tapering.

Prima di descriverlo ed analizzarlo è opportuno tornare indietro di circa tre anni, durante i quali la Federal Reserve è intervenuta attraverso programmi di stimolo monetario che sono stati definiti rispettivamente con il termine di Quantitative Easing 1, 2 e 3.

L'ultimo Quantitative Easing, ovvero la terza tranche, aveva lo scopo di effettuare degli acquisti sul mercato di titoli di stato e titoli di debito ibridi da parte della stessa banca centrale per un ammontare pari a 85 miliardi di dollari su base mensile.

Questi acquisti sistematici hanno consentito di supportare i prezzi di mercato di questi titoli che hanno a loro volto prodotto una diminuzione dei tassi di interesse. Il Quantitative Easing spalmato negli anni attraverso tre programmi di intervento ha prodotto un aumento della base monetaria di oltre 3.000 miliardi di dollari. Questo deve far capire anche come in misura straordinaria, i mercati finanziari siano stati alimentati da una droga che negli anni prima non si era mai vista, ovvero l'intervento sistematico della Federal Reserve.

Questi acquisti di titoli hanno generato anche effetti distorsivi poco gradevoli, soprattutto sui mercati obbligazionari, andando a gonfiare bolle finanziarie sui titoli di debito governativo emesso dai Paesi emergenti, i quali si sono visti letteralmente inondare di capitali le loro rispettive borse negli ultimi 3-4 anni, a fronte di una diminuzione di rendimento dei titoli di stato statunitensi.

L'impegno di acquistare tali titoli di debito per 85 miliardi di dollari al mese da parte della Federal Reserve non poteva durare a tempo indefinito: infatti a metà maggio del 2013 Benjamin Bernanke annuncia il cosiddetto tapering, ovvero la propensione da parte della Federal Reserve di iniziare a diminuire l'entità di questi acquisti fino al loro azzeramento complessivo (il termine tradotto significa letteralmente affusolamento).

In buona sostanza, per chi sta leggendo, questo significava che nella precedente estate la Federal Reserve annunciava alle comunità finanziarie internazionali che verso la fine del 2013 la banca centrale statunitense avrebbe iniziato a diminuire l'entità di questi stimoli monetari, sino ad azzerarli nel momento in cui si sarebbero visti miglioramenti sul fronte occupazionale.

Questo è un elemento di riflessione di significativa importanza, in quanto la Federal Reserve è l'unica banca centrale del mondo che agisce per ottemperare a due obiettivi: il primo l'inflazione, quindi il controllo della stabilità dei prezzi al consumo, e il secondo il livello di disoccupazione, quindi per alcuni aspetti il benessere sociale individuato sotto forma di posti di lavoro creati di mese in mese. Recentemente Janet Yellen, il governatore che è succeduto a Bernanke, ha manifestato come verso la fine del 2014 il tapering volgerà alla fine, quindi è plausibile attendersi che da gennaio 2015 non sussisteranno più questi stimoli monetari sul mercato primario quanto secondario.

Ricordiamo, per chi segue i mercati finanziari, come il tapering abbia impattato pesantemente sui Paesi emergenti, in particolar modo sui rispettivi mercati obbligazionari, che hanno assistito durante il secondo semestre del 2013 ad una consistente contrazione a causa di smobilizzi anticipati di capitali da parte di investitori istituzionali esteri, i quali hanno preso beneficio di investimenti effettuati precedentemente nei Paesi in questione per ritornare ad investire negli Stati Uniti. Su questo argomento ritorneremo comunque ulteriormente nella seconda parte del pamphlet, quando analizzeremo il fenomeno dei "five fragile".

Ad oggi la Federal Reserve, al di là degli annunci relativi al tapering, si è posta come principale obiettivo quello di dare vitalità ed abbrivio alla crescita economica, impegnandosi a non intervenire sui tassi di interesse anche in presenza di un accentuato tasso di inflazione. Questa è una delle storiche exit strategy messe in atto dalle banche centrali nelle epoche pregresse, vale a dire spingere l'economia a salire, in modo tale che il rapporto debito/pil si ridimensioni e solo a quel punto intervenire per aumentare il livello dei tassi di interesse.

Passiamo ora alla Banca Centrale Europea, la quale si è comportata diversamente rispetto alla FED sia come tempistica che come modalità di intervento. Il comportamento della BCE è stato infatti molto più critico e prudente rispetto a quanto attuato dalla sorella statunitense. Ricordiamo che questo ha spesso anche dato adito a numerose contestazioni da parte dei governi europei, i quali hanno considerato l'immobilismo della BCE in certi momenti di criticità finanziaria come un segnale di inadeguatezza. La BCE è intervenuta con strumenti molto più convenzionali rispetto alla Federal Reserve, istituendo tra dicembre del 2011 e febbraio del 2012 le cosiddette LTRO (Long Term Refinancing Operations) per 1.000 miliardi di euro, suddivisi in due tranche di quasi medesima entità.

Con questo termine si è voluto definire gli interventi finanziari effettuati durante l'escalation della crisi del debito sovrano in Europa, interventi di politica monetaria espansiva che consistevano in aste di liquidità presso la BCE, la quale concedeva alle banche europee che ne facessero richiesta prestiti con durata triennale ad un tasso di interesse allora pari al tasso ufficiale di sconto.

Le banche in questione davano come garanzia collaterale obbligazioni governative su tali prestiti, da cui poi è scaturita la famosa corsa all'acquisto di titoli di stato in Europa nell'area periferica, o titoli obbligazionari sottoposti a stress delle rispettive quotazioni. Quello che ha sempre lasciato perplesso, soprattutto le comunità finanziarie, è come questa quantità di denaro che è stata resa disponibile alle banche europee purtroppo poi non sia stata trasmessa o iniettata alla piccola e media impresa.

A distanza di due anni, a giugno del 2014 la BCE si è ripromessa di intervenire ulteriormente con un'altra TLTRO di 400 miliardi di euro, andando a bissare il piano di rifinanziamento di lungo termine, però questa volta rendendolo "targeted" cioè mirato a specifici comportamenti da parte delle banche le quali per attingere ai fondi li dovranno successivamente prestare al mercato a determinate condizioni.

La BCE rispetto alla Federal Reserve sul piano quantitativo ha messo a disposizione una quantità di risorse monetarie che è inferiore alla metà degli stimoli monetari attuati dalla consorella statunitense. Infatti parliamo di 1400 miliardi di Euro per la BCE, suddivisi tra LTRO e TLTRO, contro 3.000 miliardi di USD della Federal Reserve, costituiti da QE1, QE2 ed infine QE3. La BCE rispetto agli Stati Uniti si trova a far fronte ad un problema che negli Stati Uniti non sembra verificarsi, ovvero quello della deflazione.

La deflazione rappresenta una fase di stagnazione economica in cui i prezzi anziché salire tendono a scendere, e questo per qualsiasi governo è lo scenario peggiore rispetto addirittura ad una iperinflazione, in quanto induce consumatori ed imprenditori a spostare in avanti i loro acquisti ed i loro investimenti in immobilizzazioni, producendo pertanto una diminuzione del gettito fiscale.

La deflazione, che come vedremo nel capitolo successivo ha rappresentato la caratteristica distintiva del Giappone negli ultimi 15 anni, adesso rischia di diventare l'incubo europeo per gli attuali governi per i prossimi anni.

L'attuale fase di contrazione economica è dovuta al clima di sfiducia che regna particolarmente nell'Eurozona: tale sfiducia si annida tanto nelle menti dei consumatori quanto degli imprenditori i quali sono consapevoli di come gli anni a venire probabilmente saranno peggiori di quelli attuali, e questo li spinge a risparmiare il più possibile, quindi contrarre ulteriormente il volano dei consumi ed evitare investimenti da parte delle aziende, sapendo che lo scenario economico dei prossimi anni obbligherà i governi ad aumentare la fiscalità diffusa.

Solo uno shock di portata fiscale in paesi come l'Italia, la Francia e la Spagna può generare fenomeni di virtuosismo economico che spingano a liberare risorse nelle tasche dei consumatori. Al momento attuale il rischio di vedere trasformata l'attuale crisi infinita in una nuova grande depressione economica nell'area euro è sempre più plausibile.

4. L'ABENOMICS NON CONVINCE

Di tutte le banche centrali, quella che può essere definita la più audace è sicuramente la Banca Centrale del Giappone. Quest'ultimo è stato sull'occhio del ciclone durante tutto il 2013 a seguito della volontà del suo Primo Ministro, Abe Shinzo, di dare atto al più grande esperimento di politica monetaria della civiltà umana.
La sua proposta per il rilancio del Giappone è stata battezzata con il termine originale di Abenomics. Quest'ultima è incentrata su tre aree d'azione: la politica monetaria, la politica fiscale ed infine la politica industriale, volta a imprimere crescita al Paese del Sol Levante.
L'Abenomics rappresenta oggi uno straordinario esperimento di shock monetario, con lo scopo principe di riuscire a traghettare il Giappone fuori dalla deflazione economica che dura ormai da oltre 15 anni. L'Abenomics propone per il 2014 un raddoppio della base monetaria, passando da 1400 miliardi di dollari a oltre 2800. Questo, secondo il Primo Ministro giapponese, dovrebbe consentire una ripartenza dei consumi e soprattutto un aumento dell'inflazione con una soglia obiettivo di due punti percentuali.
Ricordiamo che ad inizio 2013 l'Economist, il famoso magazine economico internazionale, usciva con una prima pagina che si commentava da sola: Abe Shinzo travestito da Superman che sfrecciava a tutta velocità nel cielo di Tokyo, ad auspicio che le aspettative economiche e finanziarie che riponeva il Giappone sul suo primo ministro potessero trasformarlo in un supereroe. Durante il primo semestre del 2013 l'Abenomics non ha tardato a

mostrare i suoi primi effetti, infatti a fronte della sua enunciazione, lo Yen ha subito una consistente svalutazione di oltre il 40% a cui poi hanno fatto seguito un aumento rilevante delle esportazioni nel semestre successivo, per ovvie conseguenze legate ad una maggiore appetibilità delle merci giapponesi che all'estero, grazie alla svalutazione dello Yen, diventavano meno costose.

Anche la Borsa di Tokyo ha dato il suo contributo, realizzando una performance al rialzo di oltre il 50% rispetto al 2012. Durante il secondo semestre del 2013 gli effetti dell'Abenomics si sono ridimensionati, le aspettative di crescita si sono smorzate e oggi, alla fine del primo semestre del 2014, molti opinion leader e analisti finanziari parlano di una politica economica che non soddisfa le attese rapportate agli strumenti ed alla dimensione eccezionale dell'intervento messo in atto dalla Banca Centrale del Giappone.

In buona sostanza, a fronte di quanto è stato intrapreso dalle autorità monetarie del Sol Levante, gli esiti ottenuti dimostrano come l'Abenomics sembra non convincere e non funzionare. Si inizia a parlare oggi di un esperimento che da ambizioso rischia di diventare pericoloso, a fronte della fase di congestione e rallentamento che nonostante tutto esprime ancora il Giappone.

Questo Paese secondo molti intervistatori dovrebbe iniziare a manifestare i benefici dell'Abenomics non prima del lungo termine, ma come sappiamo i mercati finanziari e gli investitori istituzionali uniti ai consumatori non si affidano alle aspettative nel lungo termine, ma pretendono già nel breve di poter toccare con mano i miglioramenti e i benefici dell'Abenomics che stentano a non arrivare.

Il Giappone ha di fatto voluto effettuare una scommessa finanziaria utilizzando imponenti strumenti monetari che nessun altro Paese nel globo terrestre aveva mai fino a prima implementato. Ricordo ancora come alla fine degli anni Ottanta, il Giappone veniva designato ad essere l'economia egemone e locomotiva di tutta l'economia mondiale entro il primo decennio del nuovo millennio.

Queste erano le proiezioni di allora, proiezioni che probabilmente non tenevano conto in misura significativa dell'escalation e dell'emersione di Paesi come la Cina e l'India. Proprio su questo fronte si gioca la sfida negli anni a venire per il Giappone, un Paese che deve competere con i prodotti e la concorrenza sempre più aguerrita del vicino di casa, la Cina, ed un Paese che al proprio interno deve riuscire a metabolizzare due problematiche strutturali che lo contraddistinguono.

Primo, l'eccesso di debito venutosi a creare nei decenni precedenti, tanto che oggi è risaputo come il Giappone sia la nazione più indebitata nel mondo se consideriamo il rapporto debito/pil. La seconda caratteristica strutturale è rappresentata dalla composizione demografica della sua popolazione. Il Giappone è di fatto il paese più vecchio del mondo, vecchio in termini di numero di anziani in rapporto alla popolazione complessiva.

L'Abenomics sin dalla sua presentazione è stata osannata in questi ultimi 18 mesi da bloggers e siti di informazione indipendente, menzionandola come risposta allo strapotere delle banche centrali, proponendola come soluzione alle politiche di austerity, ad esempio imposte proprio nell'Eurozona. Purtroppo, per quanto si voglia osannare le scelte di Abe Shinzo, le quali nei prossimi dieci anni potrebbero trasformarsi in un pericolosissimo boomerang, è pacifico riconoscere come la sola stampa della moneta non rappresenti una credibile exit strategy, anche per un Paese che abbia intrapreso un ambizioso programma di aumento della base monetaria, con la finalità di dare spinta e volano ai consumi interni.

L'attuale fase di difficoltà che contraddistingue anche il panorama economico in Giappone è frutto non tanto di una crisi solo finanziaria, che è arrivata in Oriente a causa di fenomeni di contagio finanziario, quanto una crisi di fiducia sul futuro che percepiscono soprattutto i contribuenti giapponesi e le grandi imprese industriali, le quali non investono in infrastrutture ed immobilizzazioni al fine di aumentare il proprio potenziale di vendita e la propria capacità di penetrazione in altri Paesi, ben sapendo di come il Giappone abbia perduto gran parte del suo appeal a causa di concorrenti, come appunto la Cina, in grado di competere anche in qualità industriale.

Nei prossimi cinque anni avremo i numeri per dare un voto oggettivo all'Abenomics e comprendere se questo tipo di facile soluzione, ovvero la sola stampa della moneta, possa essere reiterata con successo anche in altri Paesi oppure viceversa avrà dato dimostrazione di tutta la sua fugacità ed inconsistenza.

5. ESPORTATORI MONDIALI DI GAS

Con il Global Shale Gas Iniziative, gli Stati Uniti hanno varato un ambizioso piano di rivoluzione energetica destinato a cambiare il destino del mercato energetico non solo statunitense, ma addirittura del resto del mondo. Lo shale gas, una sorta di metano non convenzionale, è un gas naturale imprigionato all'interno di una roccia impermeabile - shale in inglese significa scisto - che funge da serbatoio.

Grazie ad innovazioni tecnologiche come il fracking, termine tecnico per indicare l'attività di perforazione orizzontale con fratturazione idraulica della roccia, questo tipo di gas sta diventando molto conveniente sul piano economico in termini di estrazione. Le più recenti proiezioni parlano di una distribuzione uniforme in tutto il pianeta di bacini potenziali di shale gas, Europa compresa, la quale potrebbe anch'essa investire in proprio per lo sviluppo della industria estrattiva all'interno dei propri confini. Grazie allo sfruttamento massivo dei propri giacimenti di shale gas, gli USA sono proiettati a diventare il maggiore produttore di gas naturale al mondo entro pochi anni, imponendosi anche come principale esportatore di gas.

Il maggiore detentore di riserve di shale gas sono infatti gli Stati Uniti, che detengono la maggior parte delle riserve mondiali con 132 miliardi di metri cubi, seguiti dall' Asia, in particolare Cina, con circa 100 miliardi, Oceania con 74 miliardi e Medio Oriente con 72 miliardi. Anche l'Europa ha la sua piccola riserva, circa 16 miliardi suddivisi tra Europa occidentale ed Europa orientale.

Oltre allo shale gas si affianca in parallelo anche lo shale oil ovvero il petrolio che si ricava con le nuove tecniche di trivellazione, che frantumano l'argilla e consentono di raccogliere anche il greggio conservato nei pori delle rocce impermeabili.

Nel 2020, gli Stati Uniti potrebbero scavalcare l'Arabia Saudita come maggior produttore di petrolio, un terremoto non solo economico, destinato ad affrancare gli USA dalla dipendenza dal Golfo Persico e spingere i produttori dell'OPEC nelle braccia dell'unico cliente assetato rimasto, la Cina. Ma, mentre l'insaziabile sete di energia dell'industria cinese ha arroventato la domanda, spingendo cinque anni fa i prezzi del greggio a livelli impensabili, la nuova politica energetica di affrancamento statunitense è destinata a ridare fiato alle asfittiche economie avanzate dell'Occidente.

Lo sfruttamento strategico dello shale and oil gas da parte degli USA sta infatti gettando le basi per una nuova rivoluzione industriale destinata a oscurare la Cina come fabbrica del mondo. La competitività del gigante asiatico, già messa alla prova dall'aumento dei salari e dagli elevati costi di trasporto che gravano sull'export delle sue merci, viene sempre più frenata anche dal costo elevato delle materie prime e in particolare dei combustibili: un problema che sta invece diventando sempre meno assillante per l'industria americana, che potrà godere dei costi energetici tra i più bassi nel mondo.

Il secondo mandato di Obama infatti è incentrato proprio sulla riduzione della dipendenza dall'estero e sulla sicurezza energetica, pesano ancora tanto a riguardo le conseguenze ed i danni dell'incidente causato alle coste americane dalla British Petroleum con la piattaforma offshore Deep Water Horizon.

Per questo motivo è diventata priorità nazionale la produzione di energia da fonti interne incentivando e massimizzando i giacimenti offshore in Alaska e nel Golfo del Messico. Lo sviluppo delle attività estrattive di risorse non convenzionali sta infatti portando ad un avvicinamento geografico tra il luogo di produzione e quello di consumo, rendendo sempre meno necessario il trasporto di gas e petrolio su lunghe distanze, con evidenti vantaggi nella ottimizzazione e razionalizzazione dei costi di produzione.

Nel futuro che ci attende i prossimi cinque/sette anni potrebbero pertanto essere in discussione le proiezioni sulla leadership mondiale che avevano sempre messo la Cina come unico e vero player dominante sul pianeta nei successivi decenni.

Le scelte strategiche della nuova politica energetica statunitense e la volontà del governo americano di portarle a regime in pochi anni, impatteranno moltissimo sul vigore e sulla competitività del tessuto produttivo e manifatturiero statunitense consentendo a quest'ultimo di riacquistare slancio e dinamicità nei confronti della concorrenza asiatica.

6. DOPO I BRICS, CI SONO I MINT

Quante volte vi siete sentiti dire in banca o dal vostro promotore che dovete investire anche nei Paesi emergenti. Pochi investitori hanno un portafoglio razionalmente ponderato alle opportunità che possono offrire queste nazioni, in prima battuta perchè con questo termine si tende spesso a banalizzare il significato di "emergente" ed in secondo luogo perchè sempre più spesso si tende ad identificare con tale termine Paesi che ormai sono emersi già da tempo.

Per definizione, una nazione caratterizzata da un vigoroso processo di crescita e industrializzazione viene indicata come Paese emergente. La definizione è già di suo molto generica, un aiuto tuttavia ci arriva da alcune grandi banche di investimento che hanno inventato svariati acronimi per identificare e suddividere meglio i vari paesi emergenti e le loro peculiarità.

Ad esempio, Jim O'Neil, presidente di Goldman Sachs Asset Management, nel 2000 ha coniato il famosissimo BRIC, acronimo di Brasile, Russia, India e Cina, considerando questi Paesi come quelli che sarebbero cresciuti maggiormente nei successivi dieci anni. Oggi parlare di emergenti riferendosi ai BRIC è sostanzialmente fuorviante in quanto questi Paesi ormai sono diventati grandi locomotive dell'economia del pianeta e stanno togliendo anno dopo anno quote di mercato alle economie sviluppate.

Tanto per dare un metro di paragone, all'inizio degli anni Novanta, la crescita economica complessiva del mondo era dovuta per il 55% alle nazioni del G7, per il 30% ai BRIC e per il 15% ai Paesi del resto del mondo. Oggi nel 2014, questa spinta alla crescita mondiale deriva per il 60% dai BRIC, per il 15% dal G7 e dal 25% dai Paesi del resto del mondo. Proiettandoci in avanti nei prossimi trent'anni a questi ritmi di sviluppo e crescita avremo Messico, Indonesia, Nigeria e Turchia che avranno superato nella classifica mondiale dei paesi per PIL nominale sia Germania, Francia e Italia, quest'ultima presumibilmente ubicata al ventesimo posto.

Su queste considerazioni lo stesso O'Neil di recente ha proposto una nuova sigla, quella dei MINT acronimo appunto di Messico, Indonesia, Nigeria e Turchia, ovvero i nuovi Paesi destinati a cavalcare con il loro potenziale economico e demografico il decennio in corso. I BRIC continueranno a crescere, ma con percentuali costantemente in discesa e incontrando le difficoltà tipiche che caratterizzano anche le economie avanzate.

Tanto per citare alcuni dati che consentano di comprendere la dimensione di questa nuova categoria di emergenti considerate che la Nigeria, primo produttore di petrolio africano, ormai è diventata l'economia più grande dell'Africa, surclassando proprio il Sudafrica almeno in termini di PIL nominale.

Questo è stato possibile grazie ad una intensa espansione di molti settori del terziario nel campo dell'e-commerce, delle telecomunicazioni, dei trasporti, delle attività manifatturiere e dell'industria cinematografica, diventata la seconda al mondo dopo quella indiana e davanti a quella statunitense.

Il Paese cresce a ritmi imponenti, 5% nel 2011, 6.5% nel 2012 e 7.5% nel 2013, rappresentando ormai più di 1/5 del PIL africano. Naturalmente non è priva di punti di debolezza come la disomogenea distribuzione della ricchezza nella popolazione, diversamente invece dal Sudafrica, e da conflitti interni capeggiati dai movimenti integralisti islamici come il temuto Boko Haram, che in lingua ciadica significa "l'educazione occidentale è sacrilega". Sempre per rimanere in tema di acronomi, nel 2010 il Centro Studi della banca spagnola BBVA - Banco Bilbao Vizcaya Argentaria – ne ha lanciato un altro dalla denominazione piuttosto orginale, EAGLEs NEST (in inglese il nido dell'aquila) dove EAGLEs significa "Emerging and Growth Leading Economies" ovvero un gruppo di Paesi emergenti che nei prossimi anni contribuiranno tutti assieme alla crescita dell'economia mondiale in misura maggiore dei soli paesi del G6.

Fanno parte degli EAGLEs: China, India, Brasile, Messico, Indonesia, Russia, Corea del Sud, Turchia e Taiwan. A fianco a questo gruppo di paesi è stato individuato anche una watch list di nazioni denominati "il nido" (nest in inglese) che vedranno accrescere mediamente con un tasso superiore a quello del G6 il loro PIL.

Il NEST non è un gruppo prestabilito di nazioni, ma può cambiare di composizione alla fine di ogni anno a seconda delle mutate condizioni macroeconomiche di ogni singolo Paese oggetto di osservazione. Al momento il NEST è composto da: Argentina, Bangladesh, Cile, Colombia, Egitto, Malesia, Nigeria, Pakistan, Perù, Filippine, Polonia, Thailandia, Sudafrica, Ucraina e Vietnam.

Secondo il BBVA, i Paesi del NEST rappresentano simbolicamente le uova di un nido che si trasformeranno nei prossimi anni in nuove aquile pronte a spiccare il volo e conquistare i cieli. Recentemente HSBC ha proposto l'acronimo di CIVETS (Colombia, Indonesia, Vietnam, Egitto, Turchia, Sudafrica) individuando in queste sei nazioni elevati potenziali di crescita nei prossimi dieci anni soprattutto per le condizioni demografiche che li contraddistinguono: popolazione molto giovane, basso indebitamento del paese e investimenti infrastrutturali in continua ascesa.

Oltre ai MINT o ai CIVETS, si proiettano a diventare un nuovo aggregato macroeconomico anche un secondo gruppo di Paesi il cui potenziale economico rimane ancora inespresso, stiamo parlando dei Frontier Markets o Mercati di Frontiera. Questi ultimi non si possono ancora definire mercati emergenti in quanto si trovano in una fase di sviluppo ancora embrionale, rispetto ai mercati emergenti tradizionali, tuttavia stanno vivendo le condizioni per diventare potenzialmente i nuovi MINT del prossimo decennio grazie soprattutto ad un accentuato impulso demografico e all'aumento degli investimenti in infrastrutture implementati dai governi locali senza il ricorso al mercato dei capitali stranieri.

Proprio questa caratteristica peculiare sul fronte finanziario li rende Paesi meno pericolosi rispetto ai Paesi emergenti che invece sono caratterizzati da una presenza spesso ingombrante di investitori esteri nella vita economica del singolo Paese. Sono proprio questi portatori di capitale che possono creare effetti shock alle singole economie quando la percezione del rischio a loro modo di vedere fa scattare un segnale d'allarme cui segue l'abbandono del Paese con smobilizzo di investimenti e drenaggio liquidità.

I Paesi di Frontiera sono meno volatili, ma questo non significa che siano anche meno rischiosi, in questo caso infatti il rischio di ogni singolo Paese è legato alla stabilità e solvibilità del suo governo.

A titolo di esempio riportiamo la lista dei Paesi che appartengono all'indice MSCI Frontier Markets: Argentina, Bahrain, Bangladesh, Bulgaria, Croazia, Estonia, Giordania, Kazakhstan, Kenya, Kuwait, Libano, Lituania, Marocco, Nigeria, Oman, Pakistan, Romania, Serbia, Slovenia, Sri Lanka, Tunisia, Ucraina e Vietnam.

7. IL DIVIDENDO DEMOGRAFICO

Le dinamiche demografiche rappresentano il principale driver di analisi che si deve monitorare per conoscere l'andamento e l'evoluzione dell'economia planetaria nel lungo termine. Entro il 2050 la popolazione mondiale dovrebbe attestarsi in prossimità ai nove miliardi di esseri umani, ricordiamo ancora che a Novembre 2011 è stato festeggiato il Seven Billion Day.

L'incremento di altri due miliardi di abitanti non sarà proporzionale alle terre occupate, alcuni Paesi saranno generatori di nuove nascite come Pakistan Nigeria e Bangladesh, mentre altri vedranno complessivamente diminuire la propria popolazione come Giappone, Russia ed Europa Continentale.

Queste considerazioni supportate dagli attuali trend demografici determineranno un graduale processo di invecchiamento di tutta la popolazione mondiale: da una parte aumenterà l'aspettativa di vita, grazie ai contributi della ricerca medica e al miglioramento del tenore alimentare nei Paesi un tempo in via di sviluppo e dall'altra aumenterà la percentuale di persone anziane rispetto alla popolazione globale, complice il calo dei tassi di natalità.

L'evoluzione della composizione demografica in ogni Paese produrrà pertanto conseguenze economiche dirette in termini di crescita, PIL pro-capite e sostenibilità finanziaria del proprio debito pubblico e sistema di welfare. A tal fine diventa molto istruttivo comprendere il ruolo, il peso ed il contributo che avranno le persone economicamente in età lavorativa (la fascia tra i 15 ed i 65 anni) rispetto a quello delle persone economicamente dipendenti (nuovi nati, disoccupati, studenti e pensionati). Infatti i paesi o le aree geografiche, in cui il rapporto tra persone che lavorano e la popolazione totale è in aumento, godono di quello che viene definito il dividendo demografico ovvero una circostanza molto favorevole per l'economia del Paese in questione per cui le persone che lavorano e producono devono mantenere e sostenere un numero di persone inferiore a loro, in caso contrario si utilizza il termine di costo demografico.

Un paese caratterizzato da dividendo demografico può consumare, risparmiare ed investire in misura molto più rilevante dei Paesi che ne sono privi i quali invece vanno incontro a problematiche di sostenibilità strutturale sia sul piano sociale che finanziario.

All'interno delle economie avanzate quelle che subiranno maggiormente i risvolti negativi del costo demografico sono l'Europa ed il Giappone, mentre gli Stati Uniti vivranno i benefici di un discreto dividendo demografico generato dalle nascite provenienti dalle minoranze etniche, caratterizzate ancora oggi da maggiori tassi di natalità rispetto ai caucasici bianchi.

Il quadro diventa invece molto più confortante se analizziamo le economie emergenti e sviluppate, come Brasile e India, che beneficeranno di un elevato dividendo demografico grazie alla crescita della popolazione, la cui consistenza è particolarmente giovane. Di tutte le economie sviluppate quella che dovrà affrontare i maggiori rischi rimane la Cina, che pagherà molto pesantemente la politica del figlio unico, di cui si approfondirà nella seconda parte del libro: infatti con le proiezioni demografiche attuali la Cina è un Paese che è destinato ad invecchiare molto più velocemente dell'Europa in assenza di meccanismi di protezione sociale ed un adeguato sistema pensionistico.

La fase della terza e quarta età saranno destinate ad allungarsi notevolmente e non rappresenteranno più la parte più corta dell'esistenza di un essere umano, ma in presenza di un corretto ed equilibrato stile di vita, dieta alimentare e attività fisica, potranno diventare la seconda parte più importante nell'arco della propria esistenza.

Per questo motivo la pianificazione finanziaria ed il sostentamento economico che possono generare i risparmi accumulati durante la vita lavorativa diventeranno determinanti e rilevanti per una decorosa qualità di vita. Sarà basilare pertanto poter fare affidamento ad un flusso di cassa complementare ai modesti livelli di rendita pensionistica che garantiranno in qualche modo i sistemi sociali delle economie avanzate.

Rendimenti reali elevati dovranno essere ricercati attraverso un portafoglio negativamente correlato tra diverse classi di attivo puntando soprattutto su investimenti diretti nelle aree geografiche con alto potenziale di crescita economica (infrastrutture e consumi di base) o eventualmente anche in settori che diventeranno rilevanti all'interno delle economie avanzate, come ad esempio la robotica medicale.

Sarà invece controproducente mantenere risorse finanziarie giacenti in qualche sorta di parcheggio a blanda remunerazione o in titoli di stato di top rating ma con modesta redditività al netto delle imposte e dell'inflazione. Sempre rimanendo in tema di proiezioni demografiche future, è doveroso sottolineare come i mercati finanziari potrebbero essere anche minacciati nel lungo periodo proprio dalle aspettative di vita di determinate fasce della popolazione mondiale: sostanzialmente la necessità di reperire consistenti risorse finanziarie per il proprio sostentamento nella terza e quarta età potrebbe indurre molti risparmiatori a smobilizzare progressivamente gran parte dei loro attivi finanziari.

Ad esempio, i cosiddetti baby boomers, coloro i quali sono nati tra il 1946 ed il 1963 - il periodo storico che ha visto esplodere letteralmente i tassi di natalità nelle economie avanzate - in prossimità dell'età pensionistica inizieranno a smobilizzare gran parte dei propri investimenti con il fine di sostenere il resto della propria vita (di questo si parlerà diffusamente nella terza parte). Le conseguenze pertanto per i mercati finanziari potrebbero essere più che negative nel lungo periodo a fronte di massicce vendite di strumenti finanziari spalmati su un periodo di due decenni.

SECONDA PARTE

Provavo sempre una sorta di ebbrezza quando spiegavo ai miei studenti che le teorie economiche erano in grado di fornire risposte a problemi economici di ogni tipo. Ero rapito dalla bellezza e dall'eleganza di quelle teorie. Poi, tutt'a un tratto, cominciavo ad avvertire un senso di vuoto. A cosa servivano tutte quelle teorie se la gente moriva di fame sotto i portici e lungo i marciapiedi.

Muhammad Yunus
Banchiere e premio Nobel per la pace

1. STATI UNITI D'EUROPA

Quanto è accaduto dal 2011 in poi, soprattutto con la crisi del debito sovrano, ha messo profondamente in difficoltà un'area macroeconomica che sino a prima tutto sommato poteva considerarsi chiamata fuori dai rischi finanziari sistemici e dai fenomeni di contagio finanziario post fallimento Lehman Brothers.

L'Europa è stata pesantemente colpita durante la crisi del debito sovrano, generando profonda angoscia soprattutto in noi italiani durante l'estate di quell'anno generando due spiacevoli conseguenze. La prima è un aumento della sfiducia nei confronti delle istituzioni sovranazionali europee e nella loro creatura, la moneta unica, che affronteremo con maggior approfondimento nel capitolo successivo.

La seconda conseguenza è stata rappresentata dall'emersione di movimenti di contrasto all'interno dell'Unione Europea sia contro la moneta unica che contro l'Europa stessa. Il famoso Big Plan proposto il 26 Luglio del 2012 dal Governatore della BCE Mario Draghi, ha consentito di mitigare le tensioni sui mercati finanziari, riportare ad una maggior serenità e tranquillità nei confronti dei risparmiatori e contestualmente ha consentito di posare una prima pietra miliare per la successiva road map di rafforzamento di tutta l'Eurozona e l'Unione Europea.

La crisi del debito sovrano infatti ha minato sia la capacità dell'Unione Europea di far fronte a episodi di stress finanziario straordinari e sia anche la sua stessa sopravvivenza negli anni a venire: ricordiamo a tal fine la storica copertina dell'Economist uscita durante quell'estate che citava testualmente "Is this really the end?" rappresentando una moneta da un euro trasformata in una meteora che precipitava nell'oblio, a dimostrazione che in quel momento numerose erano le testate giornalistiche internazionali che davano ormai la fine dell'unione monetaria come imminente.

L'intervento di Draghi servì ad evitare la fine sia dell'euro che dell'Unione Europea. Da quel momento in poi sono state intraprese sia delle misure di intervento straordinario attraverso l'istituzione di strumenti di salvataggio ad hoc, che affronteremo successivamente come le OMT, Outright Monetary Transaction, e sia anche la definizione dei prossimi step operativi che ci condurranno con grande presunzione entro il 2020 ai tanto sospirati Stati Uniti d'Europa.

Le autorità sovranazionali europee da questo punto di vista hanno stilato una road map costituita da tre importanti tappe: la prima è l'unione bancaria, la seconda è l'unione fiscale ed infine la terza, l'unione politica. Proviamo a descriverle. L'unione bancaria che andrà a regime ad inizio 2015 prevede sostanzialmente che le grandi banche sistemiche europee cesseranno di essere sotto la vigilanza e controllo delle rispettive autorità di vigilanza nazionali e passeranno sotto l'egida della Banca Centrale Europea. Questo significa, ad esempio, che Deutsche Bank, IntesaSanPaolo, Banco Santander, BNP-Paribas diventeranno entità finanziarie vigilate e controllate dalla BCE.

Quest'ultima ha dato dimostrazione proprio in questi ultimi 24 mesi delle severe e stringenti norme e linee guida di risanamento e rafforzamento patrimoniale per tutte le principali grandi banche sistemiche dell'area euro: in Italia ad esempio da gennaio 2015 rientreranno sotto l'occhio vigile dell'Euro Tower rispettivamente Banca MPS, Banca Carige, Credito Valtellinese, Banca Popolare dell'Emilia Romagna, Banca Popolare di Milano,

Banca Popolare di Sondrio, Banca Popolare di Vicenza, Banco Popolare, Credito Emiliano, Iccrea Holding, IntesaSanPaolo, Unicredit, Mediobanca, UBI Banca e Veneto Banca.

L'unione bancaria dovrà consentire il raggiungimento di standard di solidità patrimoniale alle grandi istituzioni di credito nell'Eurozona in grado di supportare momenti di tensione finanziaria ben peggiori di quelli che abbiamo visto negli ultimi cinque anni, e allo stesso modo di creare le condizioni per un mercato bancario meno esposto a fenomeni di possibile contagio con le altre economie avanzate.

L'unione fiscale rappresenta la seconda fase per implementare la road map verso gli Stati Uniti d'Europa: essa dovrebbe produrre una fase di armonizzazione della tassazione che colpisce le small-medium enterprises, le piccole medie imprese all'interno dell'Unione Europea, in modo tale da evitare fenomeni di dumping fiscale che ancora oggi si manifestano con regolarità. Questo sul piano pratico rappresenta un tipico esempio di come l'Unione Europea consentirà di ricreare le condizioni per una concorrenza leale all'interno di tutti i paesi che ne fanno parte. Infatti la cosiddetta Corporate Tax, cioè l'imposta che colpisce il profitto delle imprese, cambia a seconda che l'impresa in questione sia costituita in Italia, Spagna, Croazia, Repubblica Ceca, Olanda, Germania e così via discorrendo.

Gli Stati Uniti d'Europa dovrebbero produrre proprio questo tipo di risultato finale qualora si arriverà effettivamente alla loro istituzione: all'interno dell'Unione Europea scegliere di fare impresa in uno Stato rispetto ad un altro non produrrà sostanziali benefici fiscali, in quanto tutti i Paesi avranno la medesima aliquota fiscale. Questo non toglie invece che i contribuenti intesi come persone fisiche saranno soggetti ad una diversa tassazione, quest'ultima correlata alle diverse caratteristiche e modalità di fruizione dell'assistenza sociale concessa da ogni stato membro. Ogni contribuente europeo valuterà pertanto di spostarsi a vivere in quel paese che gli garantirà il livello di tassazione sui redditi personali per lui più conveniente: questo dovrebbe produrre nel tempo un livellamento della tassazione individuale all'interno di ogni singolo Paese.

Infine il terzo step della road map è rappresentato dall'unione politica, la quale dovrà innanzitutto avvicinare molto di più le autorità sovranazionali ai cittadini europei e dovrà dare loro quegli strumenti di democrazia rappresentativa per consentire l'elezione di un governo europeo. Vale a dire che dopo il 2020 l'Unione Europea sarà guidata da un primo ministro europeo, il quale si attornierà di ministri operativi che lo supporteranno nella implementazione di politiche economiche nell'interesse di tutti gli stati membri.

Questo significa che con molta presunzione tra dieci anni, come contribuenti e cittadini europei, dovremmo essere in grado di votare per il Primo Ministro Europeo (EPM), cioè una persona di riferimento che si occuperà di far valere gli interessi dell'Unione Europea in tutto il mondo, confrontandosi e scontrandosi con gli altri Paesi nel mondo.

La strada per arrivare agli Stati Uniti d'Europa, a fronte dell'esito elettorale avuto a maggio del 2014, si è notevolmente semplificata, se non altro i timori e i rischi oggettivi che avevamo fino a prima di quella data, legati all'escalation di opposizione e contestazione nei confronti tanto dell'Unione Europea quanto dell'euro, sono svaniti e ormai si sono profondamente ridimensionati. Questo non significa che la maggior parte di noi analisti indipendenti abbracci ciecamente come un dogma l'Unione Europea e l'euro. Manteniamo per questo una visione critica, ma non contraria all'impianto europeo, soprattutto dopo l'istituzione di quelle reti di protezione finanziaria a salvaguardia dei titoli di stato e delle tutele messe in essere per la protezione e il rafforzamento patrimoniale dei sistemi bancari di ogni Paese membro.

Certo, la disoccupazione, la modesta o assente crescita economica, le oggettive difficoltà di accesso al credito per la piccola e media impresa, tutti questi rappresentano problemi strutturali da risolvere quanto prima. Non è abbandonando l'Unione Europea e l'euro che riusciremo a sanare questo tipo di difficoltà e criticità. Nel capitolo successivo si darà ampio approfondimento a quelle che sono state le argomentazioni principali pro-euro e contro-euro viste durante gli ultimi 18 mesi. Il post elezioni di maggio 2014 ha consentito, tra gli addetti ai lavori, di mettere definitivamente in cantina la teoria di Euro 2.

Quest'ultima, di cui mi vanto di averne parlato per primo in Italia oltre cinque anni fa, era rappresentata da una possibile eventualità che presupponeva la spaccatura valutaria all'interno dell'Eurozona (la cosiddetta ipotesi del break-up). Quest'ultima avrebbe prodotto la genesi di una seconda divisa, che con grande fantasia era stata denominata Euro 2, moneta che sarebbe stata adottata all'interno dell'Europa periferica e mediterranea, vale a dire i paesi strutturalmente sul piano economico più deboli rispetto a quelli dell'area scandinava o dell'Europa del Nord.

Il cosiddetto Euro 2 nel 2013 è stato chiamato in causa anche da grandi investitori istituzionali come Jim Rogers o Warren Buffet che hanno deciso di denominare questa moneta ideale con il termine di G-Euro, a dimostrazione pertanto di come la cosiddetta teoria di Euro 2 non era poi così assurda come invece volevano farci credere molti commentatori dell'ortodossia economica.

L'euro, a distanza ormai di quasi 15 anni dalla sua introduzione, ha dato dimostrazione di molte anomalie essendo una moneta creata ed imposta in assenza di un'unione politica. I padri fondatori dell'unione monetaria fecero a suo tempo un atto di grande presunzione sovrastimando i benefici dell'introduzione della moneta unica. In sintesi estrema alla fine degli anni Novanta, era ormai assodato come già allora vi fosse un'Europa di serie A che correva con determinati driver di crescita e un'Europa di serie B, soprattutto quella mediterranea, che annaspava nel tentativo di stare in coda all'Europa di serie A.

La strategia che venne concepita allora fu la creazione di una moneta unica da far utilizzare a queste due aree economiche, contigue fra di loro, ma distanti sul piano economico. Si confidava che tali differenze potessero sminuirsi a seguito di una fase di convergenza conseguente l'istituzione di una politica monetaria in comune, l'euro appunto. Come abbiamo detto fu un atto di grande presunzione: quello che accadde fu esattamente l'opposto, infatti l'euro anziché avvicinare queste due aree dell'Europa le ha allontanate ancor di più, rendendo più forte chi era forte e più debole chi era debole.

In questi ultimi due anni si è corso ai ripari, soprattutto per le pressioni e l'ingerenza di forze e movimenti politici che sono stati definiti con il termine spesso infelice di euroscettici. Ora al di là di quello che è accaduto con le elezioni di maggio, in cui se mettiamo in un cantone il risultato francese, quello che possiamo dire in termini di commento politico è come queste forze euroscettiche che fino a prima del voto rappresentavano uno spauracchio per tutte le comunità finanziarie internazionali si siano dimostrate post voto solo dei grandi movimenti di folclore politico, movimenti incapaci di proporre una effettiva svolta in Unione Europea e movimenti incapaci di presentare proposte credibili per una nuova politica monetaria. Della serie dilettanti allo sbaraglio.

Alla fine nessun Paese, tranne ripeto la Francia, pur avendone avuto la possibilità ha deciso di esprimersi contro l'euro. Addirittura il nostro, ovvero l'Italia, può essere considerato il Paese che ha messo definitivamente in sicurezza sia l'Unione Europea e soprattutto l'euro.

Oggi da soli non si va da nessuna parte, questo ha cominciato a capirlo anche la maggior parte degli europei, da soli non si è in grado di reggere alla competizione internazionale, non si è più in grado di poter sfidare giganti del calibro di Cina, Brasile, Russia ed India, senza dimenticare chi sta avanzando con prepotenza stile Messico o Turchia.

Ecco perché gli Stati Uniti d'Europa, qualora arriveranno ad essere istituiti, rappresenteranno a quel punto sia la principale locomotiva di tutta l'economia planetaria ed al tempo stesso anche la più grande cassaforte finanziaria del mondo, più grande non solo in termini di masse gestite, ma anche la più grande intesa come la più solida, la più sicura e la più protetta.

2. THE BAZOOKA STRATEGY

L'incubo principale per tanti risparmiatori italiani è quello di rivedere per una seconda volta un periodo di stress finanziario che metta in difficoltà i tanto amati titoli di stato. Sono passati ormai tre anni dall'estate del 2011, l'estate più calda in assoluto negli ultimi tre decenni, calda non tanto per le temperature estive quanto per la tensione che hanno vissuto anche gli operatori finanziari per l'andamento delle quotazioni dei BTP italiani.

Se c'è una persona che dobbiamo ringraziare in questi ultimi due anni per aver riportato i mercati e soprattutto l'euro in una condizione di stabilità e serenità è Mario Draghi, il Governatore della BCE. Molti lettori mi hanno scritto in questi ultimi sei mesi sottolineando come gran parte delle mie analisi ed overview economiche siano sempre più in sintonia con il pensiero mainstream piuttosto che essere controcorrente nei confronti del sistema finanziario in senso generale.

Da due anni tutto l'impianto finanziario sovranazionale ed istituzionale è stato profondamente cambiato, anzi se vogliamo essere più puntigliosi vi è una data che individua una sorta di nuovo zero cronologico per l'euro, l'Unione Europea e tutti i successivi interventi sovranazionali che sono stati abbozzati o proposti a cominciare, ad esempio, dal tanto odiato fiscal compact.

Mi sto riferendo a quello che le cronache finanziarie hanno battezzato come il "Calabrone Speech" di Mario Draghi, avvenuto a Londra alla presenza di numerose testate giornalistiche il 26 Luglio del 2012. In quei giorni ricordo che uscì il mio precedente pamphlet finanziario denominato "Neurolandia", all'interno del quale venivano analizzati e descritti i problemi di natura strutturale che rendevano l'Unione Europea, con tutti i suoi organismi ed istituzioni sovranazionali, incapace di agire per risolvere con efficacia il bubbone che era scoppiato in casa, vale a dire la crisi del debito sovrano periferico europeo.

Da quel 26 Luglio l'Europa è cambiata profondamente, e questo cambiamento ha prodotto la mitigazione o la scomparsa definitiva di potenziali rischi sistemici che sino ad allora continuavano a permanere. Mario Draghi, in quella calda giornata estiva a Londra, spiazzò letteralmente tutti gli auditor e gli speaker che intervennero alla Global Investment Conference.

Le sue esternazioni in quel contesto hanno dato vita ad un nuovo zero cronologico: "ECB is ready to do whatever it takes to preserve the euro and believe me, it will be enough", che tradotto per i poveri italiani significava "La Banca Centrale Europea è pronta a fare tutto il necessario per preservare l'euro, e credetemi sarà sufficiente".

Quella frase rappresentò una bomba lanciata nei confronti di tutti quegli operatori finanziari che durante quell'estate avevano strutturato posizioni aggressive e speculative nei confronti dei titoli di stato dei Paesi europei particolarmente in difficoltà, tra cui l'Italia, generando pertanto una corsa agli acquisti al fine di coprire le posizione corte che detenevano su tali titoli.

In gergo tecnico con il termine "posizione corta" si suole definire una strategia speculativa ribassista: in questo caso si ottiene un profitto se la quotazione del titolo in questione scende o meglio ancora crolla. La costante e progressiva risalita delle quotazioni contribuì nei mesi successivi a diminuire il valore dello spread.

Mario Draghi, con un tono molto diplomatico e rassicurante, esterna alle comunità finanziarie internazionali una intenzione, un proposito, ovvero il fatto di far capire ai grandi speculatori che da quel giorno nelle sue mani ci sarebbe stato un bazooka in grado di sparare granate all'infinito contro tutto e contro tutti. In buona sostanza a quell'epoca, la BCE riteneva ormai inaccettabile tanto la paura che aveva iniziato a diffondersi nei mercati relativamente alla tenuta dell'euro quanto le tensioni sui mercati obbligazionari dei Paesi periferici.

Per questo motivo dopo il monito di Mario Draghi del 26 Luglio 2012 vengono, nelle settimane successive, presentate e descritte le Outright Monetary Transactions (OMT), quelle che poi i giornali e la stampa di settore ribattezzeranno per semplicità con il nome prosaico di "scudo anti-spread".

Le OMT rappresentano dei programmi di acquisto diretto da parte della BCE di titoli di stato a breve termine emessi da Paesi in difficoltà e colpiti da turbolenza finanziaria, quest'ultima ad esempio rappresentata da un aumento improvviso e non controllato dello spread. La BCE, in sostanza, fa presente che attraverso questo programma di assistenza finanziaria dei Paesi in difficoltà è disposta a comperare titoli di stato illimitatamente ed indefinitamente per contrastare possibili aggressioni da parte di investitori istituzionali e fondi speculativi che vogliano colpire un Paese debole dell'Unione Europea.

Affinché questo scudo possa essere implementato, il Paese sottoposto ad assedio finanziario dovrà accettare un programma di risanamento delle finanze pubbliche in accordo con il Meccanismo Europeo di Stabilità (MES). Inoltre è previsto che l'intervento della BCE possa verificarsi solo ed esclusivamente qualora sia lo stesso Paese a richiederne l'aiuto. Da quel 26 Luglio 2012 gli spread sui titoli di stato di Italia, Spagna, Portogallo e Grecia sono stati oggetto di una sensibile e progressiva fase di recovery, ovvero hanno iniziato a scendere progressivamente, arrivando sino ai livelli dei giorni nostri, riportandosi pertanto quasi in una situazione di pre-crisi. E' doveroso ricordare come durante questi ultimi due anni uno dei migliori investimenti che si poteva effettuare, a fronte chiaramente di una propensione al rischio medio-bassa era proprio l'acquisto di titoli di stato europei dell'area periferica.

Considerate ad esempio che un titolo di stato trentennale italiano acquistato durante quell'estate avrebbe prodotto una performance di oltre il 30%, senza dimenticare un ulteriore 10% di stacco cedolare di cui si è potuto beneficiare durante i due anni in questione. Il discorso che sviluppò Mario Draghi durante quello storico 26 Luglio è stato dagli analisti finanziari battezzato anche con il termine di "Calabrone Speech", cioè il discorso del calabrone in quanto durante la sua conferenza Mario Draghi raccontò un simpatico aneddoto per colpire l'animo degli intervenuti, sottolineando come l'euro poteva essere considerato al pari di un calabrone, il quale secondo le leggi della fisica non potrebbe volare, eppure sappiamo che vola perfettamente.

L'euro, secondo la politica monetaria internazionale, non dovrebbe esistere, eppure esiste e dopo quello che farà la BCE a partire da oggi non verrà mai più messo in discussione. Da quella data pertanto le autorità monetarie europee hanno istituito una serie di reti di protezione finanziaria a tutela non solo della moneta unica, ma anche e soprattutto dei Paesi che nel corso degli anni hanno deciso di adottarla.

Oggi l'Europa grazie a Mario Draghi si è trasformata nella più grande cassaforte finanziaria del mondo, in quanto il sistema bancario, le grandi istituzioni finanziarie sistemiche, i governi, le finanze pubbliche dei Paesi maggiormente in difficoltà sono tutti rigidamente controllati ed al contempo aiutati affinché intraprendano tutte le misure e riforme necessarie a rafforzarsi individualmente. Così facendo l'intera Eurozona si rafforzerà conseguentemente. Ricordiamo come, per dovere di cronaca, la governance di Mario Draghi abbia iniziato a ricevere contestazioni da parte soprattutto dell'establishment riconducibile all'Europa dei Paesi del Nord.

In tal senso ha fatto storia ormai l'ostruzionismo portato avanti dalla Germania per voce della sua Corte Costituzionale proprio contro le OMT presso la Corte di Giustizia Europea, richieste che nel corso degli ultimi semestri sono state rispedite al mittente, segno questo che la così tanto forte Germania ha dovuto ridimensionare sia il proprio ego che anche le proprie istanze, visto che oggi l'autorità monetaria centrale, per quanto sia odiata dal contribuente italiano medio, con il suo operato ha contribuito a salvare tanto l'euro quanto soprattutto i risparmi e gli investimenti di centinaia di milioni di contribuenti europei.

La forza di Mario Draghi, o meglio il timore che Mario Draghi ha infuso nei suoi avversari, ha di fatto impedito che le OMT non siano mai state implementate anche in una sola occasione, a dimostrazione del fatto che oggi l'Unione Europea e l'euro sono molto, ma molto più forti rispetto a due anni fa.

3. CIPRO, COSA ABBIAMO IMPARATO

L'evento più critico e angosciante che è stato trattato dalle cronache finanziarie durante il 2013 è sicuramente stato rappresentato dalla crisi del sistema bancario cipriota. Vivendo a Malta ormai da dieci anni, la vicenda cipriota è stata particolarmente seguita all'interno delle isole maltesi, tanto che la stampa internazionale ipotizzava – erroneamente – di come la prossima crisi finanziaria avrebbe potuto manifestarsi proprio a Malta.

A tal proposito si utilizzò durante quel periodo il termine di Stati Banca, ovvero di Paesi in cui il controvalore nominale degli asset finanziari detenuti dal rispettivo sistema bancario poteva superare il PIL dello stesso Paese di oltre cinque volte e più. Nello specifico per Cipro si parlava di un 800% di rapporto tra il valore degli asset detenuti dal sistema bancario cipriota rapportati al PIL dell'isola di Nicosia, lo stesso dicasi per la struttura del sistema bancario maltese.

Come ho avuto modo di spiegare all'interno di numerosi videoclip che trovate pubblicati sul mio canale video di YouTube, vi era allora e vi è tutt'oggi una profonda differenza tra queste due isole, appunto Cipro e Malta, così vicine tutto sommato geograficamente, ma così lontane invece per quanto concerne le loro intime caratteristiche. In comune hanno solo il fatto di essere due Stati nel mezzo del Mar Mediterraneo, il fatto di avere un'economia in termini di peso modesta se rapportata al PIL dell'Unione Europea ed il fatto di aver subito nel corso degli anni la dominazione e l'influenza anglosassone.

Ricordo ancora come durante quei mesi del 2013 la vicenda Cipro aveva scosso profondamente gli animi e la serenità dei piccoli risparmiatori tanto italiani quanto europei. Facciamo un veloce excursus sull'accaduto: a seguito delle difficoltà emerse dalle tre grandi banche cipriote, Hellenic Bank, Laiki Bank e Bank of Cyprus, il governo cipriota su pressioni della Troika effettuò un prelievo coatto sui depositi per un controvalore del 40% (37.5% per la precisione), garantendo l'indennità per i depositi le cui giacenza fossero inferiori ad euro centomila.

In sintesi vennero prelevati dai conti detenuti su queste due banche di Nicosia un controvalore pari al 40% delle giacenze depositate, al fine di consentire il risanamento del sistema bancario cipriota. Questo è quello che ancora ad oggi l'uomo medio della strada conosce sul salvataggio delle banche di Cipro per sentito dire o per le fuorvianti trasposizioni dai media nazionali.

Quanto è accaduto a Cipro nella prima metà del 2013 rappresenta di fatto la rottura di un tabù, da quando nel 2008 si è innescata la crisi finanziaria a causa di un fallimento bancario, infatti sino ad allora nessun depositante aveva subito perdite o si era visto congelare le proprie disponibilità bancarie.

La vicenda di Cipro rappresenta un primo esperimento embrionale di bail-in, ovvero l'attività di salvataggio di una banca attingendo alle risorse interne della stessa rispetto alle risorse conferite mediante il ricorso alla fiscalità diffusa. Tratteremo con maggior approfondimento questo tema all'interno della terza parte del pamphlet.

Il bail-in di Cipro ha compromesso profondamente la fiducia che i correntisti di tutta l'Unione Europea avevano sino a quel giorno riposto sulle banche europee e in misura superiore sulle autorità sovranazionali, visto che sino ad allora mai nessuno aveva dovuto pagare o aveva dovuto subire perdite per fenomeni di insolvenza bancaria. E' doveroso, prima di proseguire con la narrazione, soffermarsi a raccontare quello che è effettivamente accaduto in termini di analisi finanziaria sulla vicenda della cosiddetta deposit tax istituita a Cipro. Tanto per iniziare non si è trattato di un prelievo fiscale calato dall'alto come invece la televisione e i giornalisti generalisti hanno voluto farvi credere.

Quello che è andato in scena a Cipro può essere definita come un'operazione di patrimonializzazione forzata, a cui sono state obbligate la tre banche prima menzionate. Dal punto di vista pratico il singolo correntista che deteneva disponibilità sotto forma di deposito bancario superiori ad euro 100.000 avrebbe subito un prelievo coatto pari al 40%, a cui tuttavia sarebbe corrisposto un accredito presso la sua posizione titoli di un numero di azioni della banca presso cui deteneva il deposito di entità nominale pari al controvalore del prelievo.

Per intenderci, immaginate di essere stati depositanti presso la Laiki Bank ed aver avuto una giacenza di conto di euro 500.000. L'applicazione della deposit tax pari, per semplicità di calcolo, al 40% vi avrebbe ridotto la giacenza disponibile a euro 300.000, visto che il 40% di 500.000 sono 200.000, i quali sarebbero stati sottratti alla disponibilità di conto. In parallelo vi sareste però ritrovati con un accredito di azioni ordinarie della Laiki Bank per un controvalore nominale di euro 200.000.

In buona sostanza quindi quello che è andato in scena a Cipro è rappresentato da una operazione di rafforzamento patrimoniale a carico dei suoi stessi correntisti. Le tre banche in questione, trovandosi nell'incapacità di far fronte ai propri impegni a seguito di un deterioramento del loro capitale proprio, sono state costrette ad effettuare un aumento di capitale di rischio in base alle istruzioni e specifiche ricevute dalla BCE.

Questo aumento di capitale sociale è stato finanziariamente sostenuto e sottoscritto attraverso il prelievo sui depositi della clientela qualificata, ovvero quella identificata da disponibilità a prima vista superiori a 100.000 euro. Non possiamo pertanto oggi utilizzare il termine improprio di prelievo sui depositi del 40%, come continua ad essere maldestramente riproposto nei talk-show italiani.

Il modello di salvataggio bancario messo in atto a Cipro è diventato il modello di riferimento per il futuro qualora altre banche europee si dovessero trovare nelle condizioni di essere inadempienti. Sino a prima di Cipro avevamo imparato che i risparmi ed i depositi erano inviolabili, nessuno poteva permettersi il lusso di intaccarli o metterli a repentaglio, anche per ragioni di consenso elettorale. Ebbene, invece quello che è accaduto con Cipro proietta i risparmiatori dei Paesi che aderiscono all'Unione Europea in una nuova era, un'epoca in cui si smette di far pagare gli sbagli dei managers delle istituzioni finanziarie solo ed esclusivamente ai contribuenti.

Come avremo modo di analizzare con maggior approfondimento all'interno del capitolo relativo, nella terza parte del pamphlet, questo onere e rischio d'ora innanzi ricadrà esclusivamente sulle teste dei soli stakeholders (azionisti, obbligazionisti e correntisti) i quali potranno subire perdite anche ingenti durante le operazioni di risanamento e ristrutturazione della banca che dovesse trovarsi in difficoltà.

Sino ad oggi abbiamo un tacito consenso che presuppone almeno una franchigia pari a euro 100.000 euro per i conti correnti, è molto probabile che negli anni a venire questo importo sarà destinato ad abbassarsi, probabilmente arrivando a soglie notevolmente inferiori, forse 25-30.000 euro.

4. EURO FOREVER

Quello che non ti uccide, ti fortifica, questa affermazione sembra rappresentare l'essenza della moneta unica in questi ultimi 24 mesi. Oggi possiamo considerare l'euro, con grande presunzione, come la moneta più forte del mondo grazie sia al recente consenso conservatore ottenuto con l'esito delle elezioni europee ed anche grazie alle reti di protezione finanziaria che sono state poste in essere in questi ultimi due anni dalle autorità sovranazionali europee.

Ricordiamo come fino a qualche mese fa, prima del voto di fine maggio, un rischio sensibile di destabilizzazione della moneta unica era tutto sommato oggettivo qualora avessero vinto forze e movimenti cosiddetti "euroscettici". Il risultato sorprendente ottenuto, al di là del caso francese, rafforza la struttura e l'essenza dell'euro sui mercati finanziari e soprattutto rafforza la fiducia dell'euro nella stragrande maggioranza dei cittadini comunitari.

Pur considerando come questa divisa sia ancora oggi non completamente perfetta, a causa di un mancato allineamento tra la governance politica e la governance monetaria all'interno dell'Unione Europea, sempre più commentatori finanziari all'unisono sono concordi nel definire l'euro il miglior scudo che abbiano avuto i Paesi e le popolazioni dell'Unione Europea per contenere gli effetti distorsivi e negativi della crisi finanziaria e delle sue successive conseguenze.

Senza euro probabilmente ci saremmo trovati in un contesto ed in uno scenario socioeconomico decisamente peggiore di quello attuale. La maggior parte degli europei si è resa conto di come oggi chiudersi a riccio su se stessi, come singola nazione, non solo non produrrebbe risultati efficaci sul medio e lungo termine, ma soprattutto non creerebbe quei presupposti di uscita dal tunnel molto più efficaci rispetto a quelli su cui potrebbe contare un singolo Paese qualora decidesse di arrangiarsi da solo.

In sintesi estrema possiamo dire che, visto il cambiamento di scenario planetario che si è verificato in questi ultimi 15 anni, l'unione non solo fa la forza, ma consente di produrre e gestire quelle exit strategy per conseguire maggiori benefici in ottica collettiva.

Certo se ci soffermiamo ad ascoltare quali sono i principali messaggi e slogan utilizzati da una ormai contenuta rappresentanza di forze cosiddette euroscettiche, ci rendiamo conto di come queste ultime utilizzino il disagio delle persone incanalandolo contro la moneta unica soprattutto per ragioni di sopravvivenza politica.

Da questo punto di vista non possiamo dimenticare quello che ancora oggi è stato definito il cosiddetto dividendo di Maastricht. Con questo termine si vuol individuare il risparmio in termini di mancati interessi sostenuti sul rifinanziamento del debito pubblico ottenuto grazie all'istituzione e all'adozione della moneta unica. Questo significa che Paesi, ad esempio come l'Italia, hanno potuto beneficiare grazie all'euro di un considerevole abbassamento del tasso di interesse medio tanto per l'emissione di nuovo debito pubblico quanto per il rifinanziamento di quello pregresso.

Un immagine val più di mille parole si suol dire, vi invito per questo ad approfondire il tutto osservando l'andamento grafico dei tassi nel medio e lungo termine in Italia dal 1999 ad oggi, che ci hanno consentito di produrre dall'inizio dello scoppio della crisi del debito sovrano un risparmio in termini di minori oneri finanziari, quantificato ad oggi tra i 700 e i 750 miliardi di euro in 14 anni, 50 miliardi all'anno risparmiati grazie alla moneta unica. Spesso chi è contrario all'euro cita a sostegno delle proprie argomentazioni le esternazioni o i moniti di alcuni Premi Nobel, tra cui Stiglitz e Krugman, adducendo come questi grandi pensatori abbiano in più occasioni espresso contrarietà alla moneta unica.

Purtroppo non è la prima volta che si verificano estrapolazioni al di fuori del loro contesto di frasi di personalità autorevoli per supportare questa o quella tesi, infatti questo è quanto accaduto proprio con i nobel prima menzionati. A riguardo mi sento di stuzzicare la vostra curiosità sottolineando come a mio modo di vedere sia particolarmente controproducente citare dei Premi Nobel in economia per supportare determinate tesi economiche. Non è casuale infatti che i più grandi crash finanziari della storia dei mercati occidentali siano stati frutto proprio di scelte strategiche in ambito economico implementate proprio da Premi Nobel in economia, come ad esempio il quasi fallimento nel 1997 del fondo di arbitraggio istituzionale LTCM (Long-Term Capital Management) e delle dottrine avanzate dai Chicago Boys per voce di Milton Friedman, premio nobel in economia nel 1976 per le sue proposte di liberalizzazione dei principali settori economici in ogni Paese.

Negli ultimi mesi è andato di moda colpevolizzare l'Europa e l'euro per quello che Paesi molto deboli come l'Italia, la Spagna, la Grecia ed oggi anche la Francia stanno vivendo. E' abbastanza normale, anche giustificabile sul piano psicologico, poter individuare un colpevole contro cui puntare il dito quando si verificano momenti di criticità che sembrano non avere via d'uscita. Ahimè, piacerebbe anche a me poter dire che l'euro per l'Italia rappresenta quel male di cui sbarazzarsi quanto prima, ma commetterei un atto di disonestà intellettuale se mi facessi portavoce di queste credenze. Tanto per darvi dei parametri di lettura su questa mia esternazione considerate che nel 1998, quindi un anno prima che venisse istituito l'euro, l'Italia all'interno dei Paesi dell'attuale Eurozona era la nazione in cui la popolazione in percentuale sulle altre era la più favorevole all'ingresso nella moneta unica.

Che cosa è accaduto pertanto in questi ultimi tre anni ad aver portato quasi un italiano su tre a manifestare ostilità nei confronti della moneta unica? E' accaduta una contrazione del PIL di oltre 10 punti percentuali dal 2009 ad oggi. Questa contrazione economica, che è stata definita da alcuni recessione e da altri addirittura nuova grande depressione, ha impattato violentemente sulla vita di risparmiatori, contribuenti, lavoratori ed imprenditori, andando a modificare la fiscalità diffusa, gli ammortizzatori sociali, l'età di pensionamento e soprattutto la speranza di un futuro migliore.

Spesso durante i talk-show nazionali viene fatta menzione di come l'Italia, se abbandonasse l'euro e avesse la cosiddetta propria sovranità monetaria, potrebbe intervenire per sanare questo momento di profonda impasse economica aumentando la propria base monetaria. Queste esternazioni vengono usualmente fatte con un approccio quasi infantile, presupponendo che oggi un Paese con la propria sovranità monetaria sia in grado in ogni caso di governare anche la propria moneta.

Questa è una grande illusione che continua ad essere ostentata soprattutto dai media nazionali. Nessun paese al mondo, Stati Uniti compresi, sono padroni della loro moneta, possono esserlo sul piano quantitativo ma non su quello qualitativo. Ogni Paese da questo punto di vista ha un padrone, e questo padrone si chiama mercato dei capitali, i quali determinano l'andamento del tasso di cambio e del tasso di interesse.

Proviamo a dare dei parametri numerici di riferimento per aiutare a comprendere come Paesi con propria sovranità monetaria non abbiano avuto performance migliori di quelle dei Paesi senza sovranità monetaria. Rispetto a quello che ci vorrebbero far credere le correnti euroscettiche, la sovranità monetaria non è per definizione il solo elemento sufficiente a determinare la crescita di un Paese e la sua stabilità.

Dal 2009 ad oggi la Germania ha avuto un aumento cumulato del PIL pari al 4%, l'Italia come abbiamo detto prima ha perduto 10 punti percentuali, la Francia meno 1%, il Regno Unito, che con la sterlina può vantare una propria sovranità monetaria, in questi ultimi 5 anni ha avuto una contrazione del PIL di meno 2 punti percentuali, la Polonia, un altro Paese che fa parte dell'Unione Europea ma che non adotta ancora l'Euro, ha avuto invece una crescita pari a 8 punti percentuali.

Quindi il messaggio principe che scaturisce da queste letture presuppone che ogni Paese abbia una propulsione alla crescita in base al proprio livello di competitività. Anziché continuare a parlare di quello che l'Euro secondo gli euroscettici avrebbe prodotto ad un Paese come l'Italia chiediamoci che cosa ha fatto di conclamante la nostra nazione negli ultimi tre anni, dall'estate del 2011 all'estate del 2014, quindi dalla caduta del governo Berlusconi sino ai famosi 80 euro del governo Renzi.

Se ci pensate bene non sono state implementate in alcun modo riforme cosiddette strutturali sostanziali, anzi il debito pubblico dalla caduta del governo Berlusconi è aumentato, al momento in cui sto scrivendo, di un ulteriore 10%, arrivando a quasi 2.200 miliardi di euro. Questo deve far capire che nell'arco di un triennio gli italiani non hanno attuato alcun tipo di ristrutturazione sia delle finanze pubbliche e al tempo stesso del mercato del lavoro, andando costantemente a ostracizzare quelle riforme necessarie per renderla più competitiva rispetto agli altri Paesi comunitari. Si parla continuamente in questa calda estate della riforma del Senato, della riforma del Titolo Quinto della Costituzione e della riforma della

Legge Elettorale. Queste istanze ammesso che verranno nei futuri mesi effettivamente portate a termine non cambieranno in misura sostanziale l'outlook macroeconomico del nostro Paese, perché non andranno ad incidere in misura rilevante sulla competitività del Paese, e quest'ultima è linkata a tre variabili strategiche che ogni nazione utilizza per creare appeal nei propri confronti.

La prima, la fiscalità diffusa, ovvero il livello di tassazione media che colpisce tanto i contribuenti come persone fisiche quanto e soprattutto le piccole e medie imprese; secondo, lo Stato di diritto, ovvero la capacità di far valere le proprie obbligazioni nei confronti di terzi innanzi alle sedi opportune con tempi e modalità ragionevoli, vale a dire il funzionamento della macchina giudiziaria: nessun investitore estero verrà mai ad avviare una nuova attività sapendo che in futuro una vertenza sul lavoro o una causa nei confronti di un fornitore può richiedere un tempo di 7/8 anni per l'ottenimento di un giudizio che faccia stato tra le parti.

Infine, terzo elemento, determinante per migliorare i livelli di occupazione, il mercato del lavoro ancora troppo ingessato, costernato di rapporti osmotici con le organizzazioni sindacali di categoria unito all'incapacità di poter optare per una contrattazione dedicata ed individuale.

5. BLACKROCK, I NUOVI MOSTRI

Sono sicuro che se andate in rete a cercare informazioni e previsioni sull'andamento dei mercati finanziari del mondo troverete articoli e recensioni di blogger o analisti improvvisati che citano costantemente una banca americana come la principale causa della crisi finanziaria o dell'influenza che essa riesce ad avere nei confronti degli organismi sovranazionali. Stiamo parlando, per chi immagino lo avesse intuito, di Goldman Sachs, la famosa banca d'affari statunitense che viene costantemente citata in rete millantandola come l'origine di tutti i mali finanziari dei Paesi occidentali.

Quello che mi fa sorridere è rappresentato dalle caratteristiche con cui si vuol descrivere questa istituzione finanziaria, sostenendo che quest'ultima sia di fatto la banca più grande del mondo: niente di più menzognero e fuorviante. Tanto per citare alcuni dati di raffronto, Goldman Sachs detiene asset finanziari per oltre 900 miliardi di dollari, considerando i dati di bilancio di fine 2012.

Potranno sembrare numeri da capogiro, ma rapportati alla dimensione di altre banche ci rendiamo conto di come Goldman Sachs sia una banca d'affari dalle modeste dimensioni. In tal senso la banca più grande del mondo per asset finanziari detenuti è HSBC con oltre 2600 miliardi di dollari, seguita poi da Royal Bank of Scotland con 2400 miliardi, JPMorgan con 2200, Bank of America 2100 e così via sino ad arrivare alle prime banche europee Deutsche Bank 2200, Barclays 1600 ed infine anche una banca italiana come Unicredit con una dimensione di 950 miliardi di dollari di asset finanziari detenuti. Sempre restando in tema di Goldman Sachs, spesso viene citato come questa banca sia controllata da qualche famiglia con influenza in determinati ambiti governativi che ne determinano la governance.

Anche questo rappresenta una grande falsità che continua ad essere spacciata per verità assoluta in rete, Goldman Sachs è una banca quotata alla borsa di New York in cui il 52% del flottante è riconducibile ad un azionariato diffuso. Questo significa che nessuno può controllare o influenzare direttamente la banca, quanto piuttosto proporre o chiedere al relativo consiglio di amministrazione (al cui interno spiccano personalità di prestigio del mondo internazionale come Lakshmi Mittal, il più grande produttore di acciaio al mondo) di implementare determinate strategie di investimento o di supporto a uno specifico Paese.

Goldman Sachs, da questo punto di vista, si è ricavata un ruolo di rilievo sul piano mondiale e nessuno lo può negare, in quanto ha sviluppato nel tempo una serie di servizi rivolti a clientela istituzionale, in particolar modo governi, legati alla negoziazione e gestione del debito pubblico che l'ha fatta diventare un'azienda bancaria specializzata all'interno di queste attività strategiche. I grandi attori sui mercati finanziari che ne possono determinare l'andamento e l'umore sono invece rappresentati dalle tre grandi investment house rispettivamente BlackRock, Pimco e Fidelity, tutte e tre di derivazione statunitense, le quali oggi rappresentano i più grandi operatori finanziari del pianeta.

BlackRock amministra asset finanziari per oltre 4500 miliardi di dollari, Pimco per oltre 2300 e Fidelity per 2000. Considerate, tanto per avere un metro di giudizio, che il PIL della Germania nel 2013 è stato di 3400 miliardi di dollari. Queste tre sorelle oggi rappresentano il principale pericolo per i mercati finanziari vista la loro dimensione e viste le modalità con cui operano, in particolar modo BlackRock, di fatto il più grande attore finanziario del mondo per masse finanziarie detenute e movimentate. Considerate che questa società americana la possiamo considerare giovanissima, in quanto è stata costituita nel 1992, e grazie ad una strategia di gestione dei suoi investimenti innovativa, che riesce a produrre performance anche in momenti di mercato stazionari o turbolenti, è riuscita a raccogliere anno dopo anno sempre più consenso tra risparmiatori e consulenti finanziari, arrivando a gestire risparmi e capitali più di chiunque altro al mondo.

Per comprendere il ruolo che ha iniziato ad avere anche in Europa come investitore istituzionale di riferimento, considerate che BlackRock è il primo investitore estero presente in Italia per investimenti strategici effettuati. A titolo di esempio è diventato il primo azionista di riferimento di Unicredit, Banco Popolare, Monte dei Paschi e IntesaSanPaolo, quindi in sintesi le prime quattro grandi banche italiane hanno il medesimo azionista di maggioranza relativa.

I Primi Ministri di tutto il mondo quando debbono effettuare delle scelte di politica economica in grado di attirare investimenti verso il loro Paese sono ormai abituati a chiedere un parere preventivo al consiglio di amministrazione di BlackRock, considerata quest'ultima come fosse una sorta di main advisor da cui ricevere la luce verde.

Tuttavia questo status di investitore d'élite ha iniziato ad essere criticato da parte di molte società di analisi di investimento e authority di vigilanza finanziaria per i pericoli sistemici che il loro modo di operare ha iniziato a produrre per tutto il mondo. Nello specifico, infatti, oggi sono centinaia i grandi operatori istituzionali del mondo della finanza che sono diventati "BlackRock sensitive", vale a dire che tendono a comportarsi all'unisono con le scelte strategiche implementate dai gestori di BlackRock.

Questo significa che se gli analisti di BlackRock e i suoi gestori decidono di investire in misura massiva sul mercato sudamericano, assieme a BlackRock si accodano dozzine di altri investitori istituzionali, e la stessa cosa accade nel momento in cui la società di gestione americana decide di smobilizzare o abbandonare un determinato mercato, creando pertanto dei veri e propri momenti "caldi" sui mercati che accentuano in questo modo i crash finanziari o viceversa alimentano possibili bolle finanziarie.

8. BABY BOOMERS & BABY LOSERS

Per decenni gli italiani hanno maledetto e denigrato una categoria professionale, quella dei notai, considerata la supercasta per eccellenza, quella che guadagnava oltre misura grazie al suo status istituzionale: quante volte hanno sognato che qualche governo mettesse fine al protezionismo di cui hanno sempre goduto.

Ci ha provato anche in un primo tempo persino il Governo Monti proponendo l'obbligo del preventivo scritto ma ha dovuto far marcia indietro viste le pressioni ricevute dalla loro lobby. Ci ha pensato allora la mano invisibile del mercato a ridimensionare il loro tenore reddituale e portare equità sociale.

La crisi infinita innescata nel 2008 ha impattato pesantemente nel corso degli anni successivi sul mercato immobiliare dei Paesi occidentali, Italia compresa, producendo una contrazione rilevante nel volume delle compravendite in termini quantitativi. Chi ci ha perso più di tutti, sul piano professionale, sono stati proprio i notai che hanno visto crollare in pochi anni il numero dei rogiti immobiliari. Per la prima volta dal dopoguerra tantissimi studi notarili hanno dovuto chiedere la cassa integrazione per i loro dipendenti: della serie anche i notai piangono. Molti lettori continuano a scrivermi che adesso secondo loro è il momento di acquistare casa, che il mercato immobiliare si dovrà riprendere e che dopo ogni discesa ci aspetta una vigorosa risalita.

Mi pare di capire che nel nuovo millennio esistono cinquantenni e sessantenni che credono ancora alle favole. Per comprendere il futuro outlook del mercato immobiliare è fondamentale analizzare l'evoluzione della composizione demografica di Europa & Company. Può a tal punto aiutarci per addentrarci nell'argomento il termine di "baby boomers" usato per identificare chi è nato tra il 1946 ed il 1963, fine della Seconda Guerra Mondiale ed inizio di quella Fredda: un periodo storico irripetibile in Occidente che fu caratterizzato da un rilevante aumento demografico che alimentò negli anni successivi la crescita economica grazie ad una consistente domanda di beni di consumo.

La generazione dei baby boomers è stata seguita dalla X-Generation, tutti quelli nati tra il 1964 ed il 1979, periodo storico contraddistinto da una riduzione delle nascite e da una elevata perdita di identità sociale, pensiamo solo ai vari movimenti culturali e musicali di protesta durante questa finestra temporale.

Chi scrive appartiene alla X-Generation, una generazione tuttavia molto intraprendente e creativa che non ha mai potuto più di tanto affrancarsi e dialogare con quella dei baby boomers per ragioni di conflittualità ideologica. Chi invece è nato nell'ultimo ventennio del precedente secolo, quindi tra il 1980 ed il 2000, fa parte della Y-Generation, chiamata anche la generazione degli Echo Boomers o MTV Generation, la prima a poter crescere senza la paura di una guerra mondiale e con un'educazione molto accondiscendente a seguito delle profonde trasformazioni sociali nel frattempo avvenute.

Chi è nato nel primo decennio del nuovo millennio fa parte invece della Baby Losers Generation, una generazione per adesso di adolescenti con un futuro economico ed una aspettativa di reddito veramente poco confortanti. Sono i figli che staranno peggio dei padri, i cloni replicanti del turbocapitalismo, vittime del plagio delle corporation multinazionali e succubi delle marche commerciali.

I baby losers e gli echo boomers sono stati anche battezzati come i "ninja boys", dall'inglese not income, not job and assets: letteralmente persone prive di reddito, lavoro e patrimonio. Entro il 2050 la popolazione mondiale dovrebbe superare – purtroppo - la soglia dei nove miliardi di esseri umani grazie a Paesi che saranno generatori di nuove nascite, come gli emerging markets, e grazie all'aumento dell'aspettativa di vita in forza dei contributi dati dalla ricerca medica e al miglioramento del tenore alimentare nei Paesi in via di sviluppo. La fase della terza età non rappresenterà più la parte più corta nell'arco della propria esistenza ma diventerà la parte più importante.

Diventerà basilare pertanto poter fare affidamento ad un patrimonio personale in grado di garantire una vita decorosa a fronte degli inesorabili processi di ridimensionamento dello stato sociale. I mercati finanziari ed il mercato immobiliare potrebbero per questo essere minacciati nel lungo termine proprio da quelle generazioni che hanno potuto accumulare risparmio e ricchezza negli anni precedenti, le quali saranno comunque obbligate a reperire risorse finanziarie accessorie per il proprio sostentamento. Questo dovrebbe inondare ed ingolfare il mercato con una quantità di assets sia tangibili che finanziari piuttosto elevata.

Ad esempio, proprio i baby boomers, in prossimità dell'età pensionistica dovrebbero iniziare a smobilizzare gran parte dei loro investimenti con il fine di sostenere il resto della propria vita, sempre più lunga e sempre più agiata. Stiamo parlando tanto di patrimonio immobiliare quanto finanziario, che dovrà essere riversato sul mercato con la speranza che quest'ultimo sia in grado di assorbirlo. In questa circostanza dobbiamo considerare che la domanda sarà prevalentemente composta da soggetti appartenenti alla Y-Generation ed alla MTV Generation, le quali non godranno per definizione ed in senso generico di consistenza patrimoniale e reddituale di entità rilevante.

9. THE FRAGILE FIVE

I mercati finanziari, come descritto all'interno della prima parte, subiscono costantemente le conseguenze della struttura multipolare dell'intera economia mondiale, una struttura che intacca giorno per giorno il ruolo di leadership economica degli USA. Chi investe sui mercati i propri risparmi o amministra quelli di altri deve fare i conti con questo mutamento e con i vari rischi sistemici che rimangono tuttora presenti, seppur affievoliti.

L'ipotesi di default di nazioni, monete sovranazionali o grandi banche sistemiche sembra scomparso. L'economia mondiale è ormai ipnotizzata dalle forward guidance delle banche centrali, sostanzialmente le indicazioni su cosa si farà in futuro, piuttosto che su quanto i singoli governi hanno deciso operativamente di fare nel breve termine. Questo rappresenta un elemento di novità nella storia dei mercati finanziari che oggi scontano tutti aspettative di miglioramento o di ulteriore intervento monetario non convenzionale nel medio e lungo termine: di certo la fine delle politiche monetarie aggressive impatterà profondamente sulla stabilità e volatilità dei mercati tanto azionari quanto obbligazionari.

Gli USA sono al momento la macro area economica che vanta le migliori prospettive economiche, questo grazie ad una nuova politica energetica nazionale improntata sullo sviluppo dello shale and oil gas, una sapiente ristrutturazione del debito privato all'interno dei bilanci delle aziende americane che consentirà un abbattimento degli oneri finanziari e un tasso di crescita economica complessivo superiore al tasso di rifinanziamento dello stock di debito pubblico. Nel vecchio continente lo scenario è invece più fosco: la crescita europea rimane debole e modesta, frutto di una media ponderata dei contributi dei singoli Paesi, l'Italia rimane tuttora la grande incognita nel breve termine.

La Cina sta tentando di gestire un passaggio di consegne storico, abbandonare il cliché mondiale di grande fabbrica del mondo per puntare ad una riqualificazione delle proprie produzioni, innescare la crescita dei consumi interni e soprattutto contenere i fenomeni di deterioramento della qualità del credito delle grandi banche di investimento cinesi. Xi Jinping, il nuovo presidente cinese, deve far metabolizzare al Paese la saturazione infrastrutturale prodotta in dieci anni di corsa economica sfrenata. La vera minaccia per la stabilità dei mercati ci porta quindi a volgere lo sguardo verso l'Asia dove oltre alla Cina stiamo osservando da più di un anno il realizzarsi del più grande esperimento di follia monetaria da parte del Giappone, i cui risultati se raffrontati alla dimensione degli interventi apportati sono ancora piuttosto modesti.

Il nuovo quarto blocco economico nel mondo è oggi rappresentato dai Fragile Five, termine coniato recentemente da Morgan Stanley per indicare cinque Paesi le cui economie sono diventate troppo dipendenti dagli investimenti esteri: Brasile, Indonesia, India, Turchia e Sudafrica. L'annuncio del tapering in Maggio del 2013 da parte della FED abbiamo visto che conseguenze in termini di stabilità finanziaria ha prodotto su questi singoli Paesi, oggi in profondo affanno economico e valutario.

Per chi investe il proprio denaro l'orizzonte sembra non delineare nulla di buono: la maggior parte delle asset class risk-free, come i titoli di stato di massimo rating, producono un rendimento reale nullo o addirittura negativo. Per comprendere questo passaggio, considerate a riguardo che nel 2007 il 90% dei titoli governativi sui mercati occidentali poteva remunerare il capitale con un tasso di oltre il 4% ed una volatilità inferiore ad un punto percentuale, nel 2013 per avere lo stesso tipo di rendimento bisognava concentrarsi sugli High Yield (obbligazioni ad alto rendimento) accettando tuttavia una volatilità di portafoglio superiore anche al 10%.

Purtroppo non esistono più né rendimenti sicuri e né asset class sicure, continuo a ricordarvelo per chi mi scrive e me lo chiede nello specifico, oggi la soluzione più efficiente ed efficace non è una singola asset class, ma un basket di strategie operanti sulle varie tipologie di rischio (dalla fluttuazione dei mercati al rischio emittente).

Solo accettando un maggior rischio rispetto al passato è possibile conseguire sia un rendimento soddisfacente che paradossalmente una maggior protezione di portafoglio.

10. BABY BOOM GENERATION IN CINA

Quando in Europa cessa il secondo conflitto mondiale, e grazie al Piano Marshall degli Stati Uniti vengono poste le basi per la ricostruzione e il rilancio economico di Germania, Francia e Italia, la Cina abbraccia la dittatura comunista di Mao Tse-Tung, il quale è stato definito dalla storia come il Grande Timoniere per le scelte molto drastiche che portarono la Cina a intraprendere il Grande Balzo in Avanti, un ambizioso programma politico che puntava all'autosufficienza alimentare attraverso i famosi piani quinquennali nelle campagne rurali e alla crescita demografica voluta da Mao Tse-Tung per trasformare la Cina in una nazione ancor più grande.

Vennero intrapresi programmi per stimolare la natalità per mezzo di sussidi economici alle famiglie, bandendo tutto quello che poteva essere di intralcio a questo risultato come l'utilizzo dei contraccettivi. Nonostante la Cina sia stata colpita da drammatiche carestie alimentari, causate da sconsiderati programmi di politica agricola (come lo sterminio dei passeri nelle campagne), ha potuto contare su uno straordinario boom demografico che ha portato la sua popolazione dai 600 milioni di inizio anni '50 agli oltre 900 di fine anni '70, quindi con una crescita in percentuale di oltre 50 punti.

Tanto per dare alcuni parametri di raffronto, pensate che gli Stati Uniti durante lo stesso periodo senza essere oggetto di carestie alimentari hanno aumentato la loro popolazione dai 170 ai 220 milioni, con una crescita quindi di oltre il 20%. L'Italia è invece passata da 48 a 56 milioni, con una crescita del 18%. Il boom demografico prodotto dalle politiche demografiche incentivanti della dittatura di Mao si trasforma presto in un boomerang per tutta la nazione, e chi subentra al suo posto alla fine degli anni Settanta, Deng Xiaoping, intraprende una strada esattamente opposta, volta a limitare la crescita demografica della Cina, questo per contenere il più possibile preoccupanti tensioni sociali e rischi tanto di dissesto ambientale quanto di nuove carestie alimentari.

Consideriamo che da questo punto di vista la Cina, con la più grande popolazione del pianeta, può contare su una dimensione veramente molto contenuta e modesta di terre coltivabili, appena il 7%. Deng Xiaoping agli inizi degli anni Ottanta dà attuazione alle prime campagne per il contenimento ed il controllo delle nascite, estendendo a tutta la nazione il noto vincolo del figlio unico, ovvero il fatto che le famiglie non potessero avere più di un figlio per coppia.

Negli anni successivi le politiche di contenimento delle nascite vengono istituzionalizzate addirittura attraverso la creazione di una authority nazionale, la Commissione di Stato per la Pianificazione Familiare, volta appunto al monitoraggio e rispetto dei limiti di crescita pianificati dal governo cinese. Nel 1984 viene data la possibilità di avere un secondo figlio alle famiglie che si trovano in aree rurali in cui entrambi i genitori sono figli unici. Oltre a questo vengono affiancate anche una serie di sanzioni che colpiscono le famiglie nelle aree urbane qualora decidano di avere un secondo figlio. In buona sostanza la sanzione diventa una sorta di tassa da riconoscere alle autorità governative per poter allargare il proprio nucleo familiare.

Ad inizio del 2013 la politica del figlio unico viene ulteriormente rivisitata e rimodulata, dando la possibilità di avere un secondo figlio anche alle famiglie dei centri urbani nei quali all'interno della coppia uno dei due genitori sia figlio unico. Quindi sostanzialmente si allarga la possibilità di avere un secondo discendente all'interno delle aree urbane senza essere obbligati a sostenere alcun tipo di sanzione. Si stima che da quando Den Xiaoping ha varato il programma di controllo demografico in Cina, in 30 anni non siano nati circa 350-400 milioni di cinesi.

Oggi ci si rende conto di come questi numeri che mancano all'appello rappresentino un problema per l'intera economia nazionale, infatti la Cina è un Paese che sta invecchiando molto più velocemente di Italia, Germania o Francia. Le conseguenze di questo precoce invecchiamento sono dovute proprio agli effetti boomerang delle politiche di controllo demografico messe in atto durante il governo di Deng Xiaoping, la popolazione in età lavorativa infatti è vista in costante discesa sino al 2030, con un tasso di contrazione che va dallo 0.4% allo 0.6% all'anno.

Per questo motivo il governo cinese, sotto la guida del nuovo presidente Xi Jinping, ha varato un cambio di politica della pianificazione familiare al fine di spingere più famiglie ad avere un secondo figlio, e questo come vedremo ora ha delle ripercussioni sia economiche che finanziarie per tutto il mondo. Iniziamo col dire che durante il periodo di contrazione demografica, ovvero quando persisteva il vincolo del figlio unico, i tassi di risparmio delle famiglie cinesi erano più che raddoppiati, questo a fronte del fatto che in Cina la pensione o il sostentamento per la vecchiaia è sempre coinciso con l'aiuto ricevuto dai propri figli. Questi ultimi sostengono finanziariamente i propri genitori non più in età lavorativa. In Italia avviene il contrario.

L'idea del governo cinese è quella di spingere i consumi interni visto che i bambini generalmente costano e determinano un aumento della spesa nelle famiglie per alimentazione, educazione ed istruzione. Queste spese dovrebbero far diminuire la propensione al risparmio dei cinesi ed al tempo stesso fornire un maggior contributo alla crescita economica della nazione. La stima che fa

Pechino è quella di veder ridurre il tasso di risparmio medio nelle famiglie cinesi da un 24% ad un 10%. Il fatto inoltre di poter contare per alcune famiglie su due figli, consentirà loro di sentirsi più sereni, sicuri e audaci.

Pertanto molti nuclei familiari saranno spinti a consumare ed investire con un'ottica meno conservativa rispetto a quando vigeva la politica del figlio unico. Per la Cina, quindi, si avvia una fase di squilibrio demografico che dovrà essere in qualche modo gestito sul fronte economico visto che come abbiamo prima menzionato la popolazione in età lavorativa tra i 15 e i 60 anni è costantemente in diminuzione e sul fronte sociale si stima che manchino 60 milioni di donne.

Questo dato è conseguenza del genocidio silenzioso avvenuto soprattutto durante il controllo demografico della popolazione durante il governo di Deng Xiaoping, in cui nelle aree rurali spesso quando il primogenito era femmina purtroppo veniva soppresso per ragioni di sussistenza, essendo una bambina incapace di apportare aiuto ad una famiglia che viveva di sola conduzione della terra. Nelle aree rurali i villaggi si stanno trasformando in piccoli paesini di giovani scapoli in quanto le ragazze cinesi non hanno minimamente intenzione di rimanere a vivere in un tale contesto, preferendo abbandonare le campagne per andare a trasferirsi nelle grandi aree metropolitane, provando ad inseguire anche loro il sogno dell'economia di mercato in cui a tutti è concesso di avere tutto.

Questo fenomeno demografico rischia di trasformarsi in una bomba sociale con la miccia accesa, per questo motivo in Cina la priorità nazionale non è solo la crescita demografica per consentire la sostenibilità intergenerazionale, ma anche e soprattutto la stabilità sociale a fronte di uno squilibrio tra popolazione maschile e femminile, che impedisce a decine di milioni di giovani ragazzi cinesi di potersi sposare e costruire un proprio nucleo familiare, a meno di un ratto nei confronti della popolazione femminile di nazioni limitrofe alla Cina per ripopolare le provincie che si trovano in squilibrio demografico.

11. OVERPOPULATION

Ogni cinque giorni la popolazione mondiale aumenta, al netto delle morti, di un milione di essere umani. Fate questo esperimento, sono sicuro che rimarrete colpiti: provate a chiedere al vostro vicino di casa, alla vostra amica in palestra o al conoscente che gioca a calcetto con voi a quanti miliardi ammonta la popolazione umana nel mondo.

Non stupitevi se vi sentirete dire sei miliardi ovvero il numero di esseri umani che abitavano il pianeta verso la fine del 1999. Nel momento in cui scrivo siamo 7 miliardi e oltre 255 milioni. Due anni fa in occasione del 7 Billion Day, giorno in cui la Terra raggiungeva i sette miliardi, organizzai una conferenza incentrata sulla sostenibilità economica ed ambientale intitolata Too Much Siamo Troppi. Molti partecipanti se ne andarono a metà dello svolgimento, lamentandosi di come la mia relazione esponesse esclusivamente tematiche ambientali come gli ecosistemi, le catene alimentari e la popolazione umana, mentre a loro interessava sapere solo dove investire e come avere maggiori rendimenti.

Non ho dubbi sul destino che attende la razza umana. Stando alle proiezioni demografiche dovremmo raggiungere gli otto miliardi, se non ci saranno sorprese tipo carestie o epidemie, tra il 2020 ed il 2021. Il decennio che intercorre tra il 2010 ed il 2020, per chi non lo sapesse, è stato definito il Decennio della Sostenibilità della Terra: una decade che vedrà il pianeta dover gestire e assorbire il maggior momentum di crescita demografica della civiltà umana, vale a dire che mai nella nostra storia la popolazione umana è cresciuta così tanto in così poco tempo. Il pensiero ortodosso moderno tanto occidentale quanto orientale considera i bambini che nascono ogni giorno in tutto il mondo come una risorsa, soprattutto una risorsa per l'economia del Paese che potrà beneficiare di queste nascite.

Queste ultime rappresentano per qualsiasi settore economico nuovi consumatori del futuro che necessiteranno di cibo, vestiti, abitazioni, automobili e divertimento. Per ogni nazione che voglia produrre benessere e ricchezza, questo rappresenta il migliore carburante che possa generare tasse e oneri per mantenere lo status quo e le certezze delle generazioni precedenti (pensioni, investimenti e valore delle proprietà). Per la Terra invece nuove nascite significa sempre più risorse da mettere a disposizione, da saccheggiare o sfruttare impunemente a danno degli altri ecosistemi: acqua, materie prime, foreste e mondo animale.

La crisi infinita sta fomentando nell'uomo medio della strada un odio e un ribrezzo nei confronti dell'Europa, della sua moneta e delle sue istituzioni, considerati i responsabili di quello che sta accadendo. Mi auguro che i precedenti capitoli abbiamo fatto luce in misura approfondita su questo sentiment generale. Ciò nonostante l'Europa sin dalla sua nascita embrionale, prima CECA, poi CEE, dopo CE e ora UE, ha di certo consentito e protetto un valore che diamo tutti per scontato: la sicurezza e l'autosufficienza alimentare.

L'abbondanza e disponibilità di cibo è l'elemento determinante a consentire la crescita in numero di qualsiasi specie vivente, uomo compreso. La popolazione mondiale continua a crescere senza limiti proprio per questo motivo: dal dopoguerra nei paesi occidentali non vi è mai stata una carenza di risorse alimentari, grazie anche ai continui progressi tecnologici della Rivoluzione Verde. Sento spesso parlare di produzioni alimentari a km zero o produzioni biologiche come il futuro dell'agricoltura. Lo saranno sicuramente a patto di decidere quale dei sei su sette miliardi di persone dovranno morire di fame, visto che la portata naturale delle terre coltivabili arriva forse a sostenere circa 1.5 miliardi di esseri umani.

Anche se oggi la crisi infinita e i suoi effetti sono gli argomenti principali dei media e della politica in quanto le sue conseguenze impattano sul vostro lavoro, sui vostri investimenti e sulle vostre tasse, prima si inizierà a parlare di pianificazione mondiale delle nascite e controllo delle risorse in ottica globale prima si darà una speranza di vita alle future generazioni ed a tutto il genere umano.

Per il 2040 si stima che la popolazione mondiale supererà i nove miliardi: mi auguro che questo non si verifichi veramente, in quanto il mondo che ci troveremmo a vivere ricorderà quello del simpatico robotino Wall-E della Pixar, in cui il pianeta ormai è diventato invivibile per gli esseri umani a causa di acqua, terra ed aria, inquinate e tossiche per la salute. Non vi è molto su cui discutere, si tratta di avviare quanto prima un coordinamento mondiale per il controllo demografico della popolazione umana.

Da questo punto di vista abbiamo due possibilità davanti a noi: o questo lo farà l'uomo di sua sponte attraverso una graduale e lenta discesa del momentum demografico oppure lo farà brutalmente e velocemente il pianeta. In un modo o in un altro sarà un collasso per le attività economiche umane. Purtroppo è possibile che la maggior parte di voi si troverà a vivere di persona questo scenario. Per la cronaca, mentre leggevate questo capitolo la popolazione mondiale ha avuto un incremento netto di altri cinquecento essere umani.

12. LA FINE DEL NERO

Ancora forse diciotto mesi, dopo di che sarà come se la vostra casa avesse le pareti di vetro. Per il 2016 la view su cui hanno voluto convergere OCSE e G20 è ormai ben delineata: ogni authority fiscale dovrà poter conoscere il patrimonio non tangibile di ogni contribuente al di fuori dei confini del Paese in cui il soggetto dichiara di essere residente.

I patrimoni finanziari sottratti al fisco che ancora si trovano occultati in Paesi a fiscalità agevolata o in Paesi black list fanno gola ai governi occidentali, i quali devono far fronte ad esigenze di cassa sempre più cospicue per consentire la copertura finanziaria degli ammortizzatori sociali o per tentare di rendere più competitive le rispettive economie grazie al rilascio di sgravi fiscali o incentivi agli investimenti. Alla fine lo strumento principe utilizzato è rappresentato dalla cooperazione internazionale attraverso meccanismi automatici di scambio di informazioni multilaterale sulla base del modello FATCA.

Il patrimonio finanziario di ogni contribuente europeo o statunitense dovrà diventare una cassetto di vetro sul quale le rispettive authority potranno contare per l'applicazione di imposte patrimoniali una tantum o per conoscere la complessiva struttura di patrimonio di ogni contribuente. Con grande presunzione, entro diciotto mesi chi ancora deterrà capitali occultati all'estero, nelle sue varie forme, frutto di evasione fiscale o di operazioni illecite, sarà come se quel denaro proprio non lo avesse, in quanto vi saranno oggettive limitazioni o peggio impedimenti alla sua immissione nei circuiti finanziari o alla sua fruizione cartacea. I contribuenti italiani si stima abbiano occultato all'estero oltre 200 miliardi: ricordiamo che questa cifra veniva menzionata anche in prossimità dello Scudo Fiscale del 2009 che portò alla emersione di quasi 100 miliardi, tra rimpatrio e regolarizzazione. Questo significa che in cinque anni gli italiani hanno prodotto circa 20 miliardi di capitali occultati alle finanze pubbliche.

I precedenti governi, Monti & Letta, non sono riusciti a creare le condizioni per produrre il rimpatrio di queste poste a causa di meccanismi di regolarizzazione fallimentari, pensiamo alla voluntary disclosure, sia sul piano della quantificazione delle sanzioni (analitica e non sintetica) e per le criticità rilevanti, che comprendevano anche la sfera penale, ricadenti tanto sui professionisti che sugli intermediari finanziari. Al momento in cui scrivo si ha notizia di una possibile proposta di maxicondono da parte dell'attuale Governo Renzi per favorire il rientro dei capitali trafugati all'estero con orchestrazione da parte del Ministro Padoan.

Se arriverà in porto e verrà approvata, gli aspetti che tratterà saranno ben più ampi della sola sfera fiscale in quanto verrebbero normati più generosamente anche gli elementi di punibilità riconducibili alle omissioni, alle frodi fiscali, ai reati di falso in bilancio, arrivando fino all'occultamento e distruzione di documenti contabili.

Già oggi qualsiasi contribuente infedele che volesse provare a mettere mano alle poste occultate all'estero si troverebbe duplicemente in difficoltà tanto fuori confine quanto in casa propria. La certezza di una SOS , Segnalazione di Operazione Sospetta, per adesso solo entro i confini italiani, e più avanti probabilmente estesa a tutto lo Spazio Economico Europeo diventerà il miglior deterrente per contrastare i fenomeni di evasione fiscale e di riciclaggio. Non vi stupite se entro cinque anni sarà praticamente impossibile saldare in contanti una qualsiasi transazione economica di importo superiore ai 100 euro. Il ricorso obbligatorio a strumenti di pagamento istantaneo ed elettronico come ad esempio le carte contact-less rappresenterà un must sociale, non tanto per la presenza di un dispositivo di legge che ne imporrà l'utilizzo, quanto per ragioni di moda e costume sociale, pensate solo a come sono stati introdotti e si sono diffusi i social network e gli smart phone. In estrema sintesi quindi si dovrà essere titolari di un patrimonio finanziario sulla cui formazione ed entità (tanto in Italia che fuori confine) non siano presenti in nessun modo elementi di criticità.

Da questo punto di vista potrebbero infatti emergere anche singolari problematicità per i soggetti terzi correlati (coniuge, figli, parenti, beneficiari di varia natura su singoli strumenti finanziari) in caso di investimenti e/o delocalizzazioni di patrimonio all'estero. In tal senso infatti sconsiglio vivamente di effettuare tali operazioni verso Paesi presso i quali non si abbia un effettivo radicamento per ragioni imprenditoriali o di stile di vita.

I vari Paesi infatti intraprenderanno elementi di discriminazione, tipo imposte dedicate (stile IVIE e IVAFE) e oneri specifici sulle transazioni, per armonizzare gli effetti del dumping finanziario o fiscale. Sostanzialmente detenere patrimonio all'estero, in Paesi collaborativi, non avrà alcun significato a meno di essere effettivamente residenti e radicati nel Paese in questione.

TERZA PARTE

La killer application che ha incontrato un mondo pronto per la sua applicazione è stata la lampadina. La lampadina è una cosa che ha creato un mondo tecnologico collegato. E non sono stati a pensare alle possibili applicazioni della lampadina quando hanno collegato il mondo. Ciò che hanno veramente pensato non è che stavano mettendo l'elettricità nelle case, bensì che stavano mettendo l'illuminazione nelle case.

Jeff Bezos
Fondatore e CEO di Amazon

1. BANCHE GAME OVER

Questo capitolo, che rappresenta il cuore della terza parte di questo pamphlet, è stato scritto tanto per chi lavora nell'industria bancaria quanto per chi è solito affidarsi agli operatori del sistema bancario per detenere la propria ricchezza o per effettuare investimenti sui mercati finanziari. Faccio una overview sintetica su quanto è accaduto in questi ultimi cinque anni, durante i quali ho avuto modo di ribaltare letteralmente la mia opinione sulla solidità del sistema bancario italiano e la sua composizione.

Chi mi segue e mi legge da numerosi anni ricorderà come in epoca pre-crisi, quindi prima del 2008, abbia sempre dato visibilità e preferenza alle piccole banche a vocazione territoriale come le banche popolari, i crediti cooperativi e le casse rurali. Questo in virtù dei limiti e dei vincoli di investimento che hanno sempre caratterizzato queste piccole realtà bancarie operanti su territori dimensionati. Sempre in epoca pre-crisi mi sono sempre soffermato a sottolineare tanto i conflitti di interesse dei grandi gruppi bancari, soprattutto in Italia, quanto anche i pericoli insiti nel loro stesso modo di operare.

Da questo punto di vista infatti proprio i grandi gruppi bancari si sono in passato esposti a rischi finanziari notevolmente più amplificati rispetto ai concorrenti di dimensioni ridotte, questo in virtù di un'assenza comprensibile di fenomeni di contagio finanziario a livello internazionale. In buona sostanza il panorama bancario italiano poteva e può ancora ad oggi essere suddiviso in due grandi categorie: le banche a presenza e diffusione sul territorio nazionale e le banche cosiddette territoriali con dimensione e presenza limitata a determinate aree geografiche del Paese. In epoca pre-crisi infatti proprio le grandi banche di caratura nazionale erano esposte direttamente ai rischi di contagio finanziario con il resto del mondo a causa della loro stessa dimensione e rapporti di partnership con competitors internazionali.

Per questo motivo le grandi banche nazionali, non appena si manifesta la crisi finanziaria mondiale nel 2008, sono le prime a soffrire e a pagarne le conseguenze, mentre le piccole realtà territoriali ne rimangono quasi estranee nella maggior parte dei casi. Questa è stata una diretta conseguenza delle politiche di gestione e di investimento che hanno avuto queste ultime, caratteristica che ne ha determinato anche il grado di sicurezza e solidità patrimoniale rispetto ai grandi players dell'industria bancaria.

Tuttavia da quel famoso 26 Luglio 2012, quello che abbiamo precedentemente ricordato nella seconda parte come il Calabrone Speech, l'outlook sulle grandi banche europee, comprese quelle italiane, muta significativamente a fronte sia delle reti di protezione che vengono predisposte per salvaguardare l'integrità e i patrimoni di queste ultime e sia per le operazioni di risanamento e ristrutturazione patrimoniale ed industriale che vengono imposti dalle autorità sovranazionali.

Ricordiamo ancora a tal fine infatti che ad inizio 2015 le grandi banche sistemiche europee, tra cui 15 italiane, saranno soggette al controllo e alla sorveglianza della Banca Centrale Europea, perdendo quindi ogni tipo di legame con la propria nazione. L'Europa in tal senso, nonostante arrivi con imbarazzante ritardo, produce un sensibile cambiamento di outlook nei confronti di queste grandi banche, le quali vengono obbligate a migliorare drasticamente le loro variabili vitali attraverso operazioni di rafforzamento patrimoniale e diminuzione dei costi di esercizio. L'Asset Quality Review, rappresentata spesso dalla stampa di settore con l'acronimo AQR, rappresenta un ambizioso programma di risanamento strutturale delle banche sistemiche in Europa con il fine di consentire a queste ultime la capacità di sopportare momenti di stress e tensione finanziaria superiori a quelli che abbiamo visto negli ultimi cinque anni.

Per fare questo l'Unione Europea, per voce della sua Banca Centrale, impone oggi dei requisiti di solidità patrimoniale piuttosto stringenti, come ad esempio un Core Tier 1 superiore al 9%. Quest'ultimo rappresenta un quoziente di solidità patrimoniale che misura in una banca a quanto ammonta il capitale proprio rapportato al totale degli impieghi ponderati per entità di rischio, ovvero il totale dei prestiti, che ha effettuato l'istituto di credito. Quindi un Core Tier al 9% presuppone che per ogni 100 mila euro di impieghi effettuati da un istituto di credito a carattere sistemico devono essere presenti almeno 9 mila euro di capitale proprio (capitale sociale e riserve di utili non distribuiti).

L'Asset Quality Review obbliga gli istituti di credito sotto la vigilanza ed il controllo della BCE a intraprendere imponenti piani di cessione di partecipazioni strategiche, di ristrutturazione industriale attraverso la chiusura in alcuni casi di centinaia di filiali ed infine nel ridimensionamento del personale di lavoro dipendente. In questo modo le grandi banche europee ed italiane si avviano a diventare con grande presunzione le banche più solide, regolamentate e probabilmente anche più sicure di tutto il mondo, a seguito della decisione di intraprendere ed implementare la cosiddetta Unione Bancaria.

Quanto è stato pianificato dopo il 26 Luglio 2012 per le grandi banche sistemiche, non ha prodotto impatto e obblighi invece per le piccole realtà bancarie locali e territoriali. Queste stesse fino all'inizio ed esplosione dei primi segnali di difficoltà della crisi del debito sovrano tra il 2010 e il 2011 godevano infatti di una salute finanziaria complessivamente migliore rispetto alle grandi concorrenti nazionali. Che cosa è accaduto pertanto in così poco tempo da aver mutato questa condizione di mercato: l'accentuarsi e l'aggravarsi della crisi finanziaria, trasformando quest'ultima in crisi industriale e crisi economica.

Infatti dopo il 2010 il tessuto della microimpresa in Italia va incontro ad un drastico peggioramento conseguente alla contrazione del PIL, alla diminuzione dei fatturati, all'aumento della fiscalità diffusa ed infine all'aumento dei fallimenti tanto della piccola e media impresa quanto delle famiglie. Le piccole realtà bancarie italiane infatti, prive di una regia sovranazionale, hanno dimostrato non poca difficoltà a ristrutturarsi e a rafforzarsi patrimonialmente in questi ultimi due anni, specialmente tra il 2013 e il 2014, a fronte delle ostilità nel reperimento di nuovo capitale di rischio e al peggioramento del mercato immobiliare verso cui erano significativamente esposte, in taluni casi addirittura molto più rispetto alle grandi banche nazionali, le quali in passato hanno sempre potuto cartolarizzare posizioni di debito spostando pertanto questo tipo di rischio al di fuori della loro gestione ordinaria.

Quindi in sintesi oggi ci troviamo con un outlook decisamente rovesciato rispetto a cinque anni fa, in cui sono maggiormente in difficoltà le piccole realtà bancarie rispetto alle grandi istituzioni, proprio a fronte di una mutazione dell'intero panorama bancario e dei vincoli nuovi che sono imposti dalle autorità sovranazionali esclusivamente alle grandi realtà bancarie. Infatti solo queste ultime sono obbligate dall'alto ad intervenire attraverso programmi di risanamento e processi di ristrutturazione essendo sotto l'egida di una nuova authority appositamente creata. Dall'estate del 2013, a seguito di eventi che hanno caratterizzato l'economia cipriota, come precedentemente illustrato, l'Europa ha voluto intraprendere delle azioni legislative volte a mutare i meccanismi di intervento e salvataggio nei confronti dei grandi gruppi bancari.

Sino a Cipro infatti il modello operativo conosciuto e riconosciuto consisteva in quello che gli americani hanno battezzato con il termine di bail-out. Quest'ultimo rappresenta un meccanismo di intervento che obbliga il governo del Paese di una grande banca ad attingere o inasprire la fiscalità diffusa per individuare le risorse finanziarie da conferire nella banca che si dovesse trovare in difficoltà. Quindi con il termine bail-out si intende il salvataggio di una banca effettuato ricorrendo a risorse prelevate dai contribuenti sotto forma di imposte ordinarie oppure straordinarie.

Nell'estate del 2013 l'Europa ha voluto mettere fine a questa modalità di soccorso, proponendo altresì l'ipotesi del bail-in, quest'ultimo rappresenta il modello operativo a cui si dovrà guardare d'ora innanzi qualora un istituto di credito tanto di grandi come piccole dimensioni si dovesse trovare nell'impossibilità di far fronte ai propri impegni, andando a drenare e individuare le risorse finanziarie necessarie al proprio risanamento rispettivamente da azionisti, obbligazionisti e depositanti.

Per noi italiani questo rappresenta un cambio epocale se non altro di cultura finanziaria, in quanto abbiamo sempre dato per scontato che le banche non potessero mai fallire. Il nuovo assetto che si prefigge l'Unione Europea infrange un tabù quasi secolare che prevede d'ora in poi una fila di soggetti con diversi gradi di privilegio chiamati a mettere un tappo sulla falla che si dovesse aprire sulla gestione di una banca qualsiasi.

Questo significa pertanto che nel futuro che ci attende, ad iniziare dal 2015, qualora la vostra banca si dovesse trovare in difficoltà, stile quello che è accaduto a Banca MPS, quest'ultima non verrà aiutata o salvata tramite il ricorso a fondi speciali da parte del governo, quanto piuttosto la stessa dovrà attingere a risorse finanziarie di fatto sottraendole ad azionisti, obbligazionisti e depositanti.

Sì, cari lettori, avete capito bene, anche depositanti, questo significa che al di là di chi investe in azioni ed anche obbligazioni, anche i correntisti potranno essere chiamati a tamponare la falla della loro stessa banca. Al momento attuale il dispositivo di legge che è in fase di stesura presuppone tuttavia una soglia di franchigia di almeno 100 mila euro, questo significa che depositi la cui giacenza sia inferiore a tale soglia non saranno colpiti da un eventuale operazione di bail-in.

Per chi investe e chi è abituato a mantenere sotto forma di giacenza liquida le proprie disponibilità finanziarie ed i propri risparmi questo produce non pochi rischi. Qualora infatti doveste scegliere un istituto di credito senza particolare attenzione e quest'ultimo dovesse nel corso degli anni andare incontro a problematiche di solidità patrimoniale o peggio perdite finanziarie voi stessi potreste essere chiamati alla copertura di tali perdite prodotte anche in qualità di semplici correntisti.

Passiamo ora all'analisi del panorama bancario e di come quest'ultimo è cambiato per chi vi lavora all'interno: è proprio per questi ultimi che il peggio deve ancora iniziare.

Ricordo che durante i primi anni di liceo il sogno di tanti genitori era vedere i propri figli assunti come dipendenti a tempo indeterminato in qualche banca locale o nazionale, stiamo parlando dei primi anni '90 quando essere un bancario, ovvero un lavoratore dipendente all'interno di qualche istituto di credito, aveva un fascino sociale conclamato, in quanto il lavoro in banca era considerato prestigioso, protetto e ben remunerato. Sono passati 20 anni e se c'è un settore in piena rivoluzione industriale è proprio quello bancario, in quanto si deve snellire e ridimensionare sul fronte occupazionale per contenere gli oneri di amministrazione e di funzionamento al fine di riportare la gestione ordinaria in territorio positivo.

Ricordiamo in tal senso come l'ammontare dei crediti inesigibili del sistema bancario italiano abbia superato abbondantemente la soglia dei 160 miliardi, con un rapporto tra sofferenze ed impieghi che si avvicina al 9%, quando nel 2007 questo quoziente era inferiore al 3%.

E' finita l'epoca in cui lavorare in banca è considerato prestigioso, in tal senso pensiamo come ancora oggi l'uomo medio della strada incolpa unicamente tutto il settore bancario come causa scatenante della crisi finanziaria. In questi ultimi tre anni numerose banche sono state obbligate a licenziare e spingere al prepensionamento attraverso il ricorso a fondi esubero interni per accelerare la fase di ridimensionamento del personale impiegato.

Questo rappresenta una strada obbligata sia per generare risparmi sotto forma di minori oneri di gestione e sia per gestire il cambiamento epocale nella fruizione dei servizi bancari ordinari a seguito della diffusione ed espansione dei servizi di home banking e investment banking attraverso i dispositivi di interazione di ultima generazione come i tablet e gli smart phone.

Proprio su questo fronte si giocheranno le sfide per la competizione e il raggiungimento di posizioni dominanti sul mercato da parte di banche che sino a dieci anni fa consideravano come unica strada per crescere l'acquisto o l'apertura di nuove filiali. In tal senso la filiale tradizionale, intesa come ufficio in cui si erogano servizi e prestazioni convenzionali come il deposito del contante, l'incasso di un assegno, l'apertura di un conto corrente o l'effettuazione di un bonifico, rappresenta una tipologia di sede obsoleta che non avrà più significato di esistere nei prossimi decenni, in quanto la maggior parte dei servizi che un tempo quest'ultima erogava saranno soppiantati e sostituiti dai nuovi servizi fruibili mediante i dispositivi ad accesso multicanale di ultima generazione.

Pensiamo, solo per citare un esempio, di come fino a 10 anni fa per investire in un azione o in un fondo comune di investimento un risparmiatore italiano medio si recava presso il proprio sportello bancario o dal proprio promotore per firmare il modulo di sottoscrizione, quando oggi tale operazione può essere effettuata con un click di mouse stando comodamente a casa propria e soprattutto beneficiando di condizioni economiche ampiamente più competitive rispetto al passato.

Le banche la cui governance sino ad oggi ha provveduto a concentrarsi unicamente nel percorso di crescita attraverso l'apertura di nuove filiali saranno gli istituti di credito maggiormente penalizzati nei prossimi dieci anni, a meno che non abbiano in parallelo investito ingenti risorse per affiancare alla filiale bancaria tradizionale anche quella multicanale e virtuale. Per esperienza professionale vi posso dire che difficilmente questo è stato realizzato, anzi solitamente le banche guidate da un management con mentalità preistorica rappresentano quasi la totalità degli attori presenti sul mercato.

Vi invito in tal senso a visionare di persona i servizi di home banking ed investment banking resi disponibili dai principali gruppi bancari italiani, noterete come gli stessi siano poco efficienti, poco fruibili e poco navigabili per un utente medio.

Il modello di banca che nei prossimi 10-15 anni rappresenterà il concorrente da imitare o il competitor con cui scontrarsi è rappresentato proprio da quelle prime banche online che si sono buttate sul mercato dei servizi multicanale oltre 10 anni fa e che adesso, dopo aver costituito un'ampia e variegata clientela, con qualche decina o centinaia di migliaia di clienti, hanno deciso di aprire delle filiali fisiche di riferimento ubicate in posizioni strategiche. Questo significa ad esempio che la tal grande banca online, dopo 15 anni di presenza sul mercato dei servizi online, aprirà nei prossimi anni un punto di riferimento fisico ad esempio per tutta la provincia di Vicenza, per tutta la provincia di Padova, per tutta la provincia di Treviso, creando in questo modo una presenza anche fisica sul territorio ma tuttavia limitata a poche filiali pilota su cui verranno fatti convergere o graviteranno clienti che necessiteranno di assistenza o consulenza nell'ambito di operazioni non convenzionali o al di fuori della routine bancaria quotidiana.

L'industria del settore bancario rappresenterà per questo motivo il settore particolarmente più vivace nei prossimi anni, in quanto sul fronte occupazionale dovrà iniziare a smobilizzare tutte quelle risorse umane che negli anni precedenti sono state assunte per la gestione e la presa in carico di servizi bancari che oggi sono diventati obsoleti, sull'altra sponda invece dovrà procedere all'assunzione di nuove risorse umane in grado di interfacciarsi con una clientela sempre più evoluta e con la fruibilità di servizi bancari disponibili attraverso le piattaforme multicanali.

Per questo motivo il panorama bancario sarà nei prossimi anni per taluni un incubo e per altri un'opportunità di inserimento occupazionale qualora siano stati intrapresi percorsi di formazione e di crescita professionale atti a consentire al soggetto interessato di potersi inserire in questo nuovo mondo. Per dare un metro di paragone o di similitudine, considerate che la rivoluzione industriale che sta caratterizzando ed interessando tutto il panorama bancario italiano ed europeo può essere per taluni aspetti paragonata alla rivoluzione industriale che ha colpito il settore tessile durante il 1800, quando vennero uniti i telai alle prime macchine a vapore.

Oggi chi ha preso il posto della macchina a vapore è il world wide web con tutti i dispositivi di ultima generazione atti a comunicare e interagire con le istituzioni finanziarie, i mercati finanziari e i merchant, termine inglese per identificare gli esercenti commerciali che vendono beni e servizi online, processando pagamenti in tempo reale attraverso tecnologia NFC - Near Field Comunication.

State pur certi che nei prossimi vent'anni il panorama bancario sarà cambiato profondamente, non tanto per la modalità di fruizione dei servizi quanto e soprattutto per gli attori che a quel punto diventeranno i nuovi leader di mercato, banche in grado di offrire tanto i prodotti quanto le tecnologie necessarie per usufruire del tutto.

Aspettatevi una nuova rivoluzione quando Apple e Google presenteranno le loro applicazioni integrate con smart phone e tablet che consentiranno di utilizzare i servizi bancari e finanziari da loro stessi sviluppati.

2. PREPARATI AL PROSSIMO

Nell'estate del 2008, con qualche mese di anticipo rispetto al crash di Lehman Brothers, ma in prossimità dell'accentuarsi delle difficoltà sempre più palesi del mercato dei mutui sub-prime, Jared Bernstein, Chief Economist and Economic Advisor, di Joseph Biden, vicepresidente degli USA durante il primo mandato di Obama, coniò per la prima volta il termine di "shampoo economy".

Oltre ad essere considerato uno dei più brillanti economisti della corrente economica di stampo progressista negli States, è spesso editorialista del Washington Post con articoli di commento sui principali eventi di natura economica nel mondo ed anche ospite opinionista nelle trasmissioni di approfondimento tematico della CNBC.

Con il termine di shampoo economy, Bernstein ha voluto definire in modo non convenzionale l'epoca in cui stiamo vivendo soprattutto sul versante economico: in sintesi il modello di sviluppo economico su cui hanno fondamento tutte le economie avanzate genera periodicamente bolle speculative che presto esplodono obbligando l'intervento delle autorità monetarie per garantire la stabilità e la fiducia sui mercati.

Successivamente alla fase di stabilizzazione basta aspettare e dopo qualche anno si ricreano le condizioni per l'innesco di un'altra bolla pronta ad esplodere con tutte le sue conseguenze obbligando nuovamente il regolatore monetario ad intervenire per infondere fiducia ed evitare il collasso finanziario. Le bolle hanno tutte le medesime caratteristiche come insegnava Hyman Minsky, economista keynesiano autore della teoria dell'instabilità finanziaria, l'unico elemento che le rende diverse sono le asset class che colpiscono di volta in volta. Beni immobili (case in Spagna e Usa), azioni (lo sboom del Nasdaq nel 2000), materie prime (oro & argento), beni deperibili (tulipani in Olanda nel 1630), criptovalute (bitcoin) e divise tradizionali (franco svizzero).

L'idea di affibbiare all'economia l'aggettivo "shampoo" è stata più che mai azzeccata: proprio come lo shampoo per capelli produce le bolle di sapone che scompaiono appena ci passate l'acqua, per analogia l'intervento delle autorità, e ricompaiono non appena iniziate nuovamente a frizionarvi il cuoio capelluto, per analogia l'interazione quotidiana degli attori economici. In tal senso quindi shampoo economy ovvero economia che genera periodicamente bolle, le risolve e successivamente le riforma. Il concetto di bolla speculativa è embrionalmente collegato a quello di "moral harzard".

Con questo termine (tradotto in italiano sarebbe azzardo morale) si vuole indicare una specifica condizione del mercato, tanto finanziario quanto immobiliare, che consente ad un soggetto (sia esso persona fisica o entità legale) di effettuare un'operazione di investimento o una transazione economica che comporta l'assunzione di determinati rischi sapendo ingenuamente che in caso di esito sfavorevole il danno cagionato sarà saldato e ripagato da altri.

Soffermatevi a pensare ora a quanto è accaduto negli ultimi cinque anni, dalla destabilizzazione di interi Paesi ai salvataggi di grandi banche sistemiche. Tutto si è basato proprio su questa constatazione: nessuno ha mai dovuto pagare per i proprio errori. E quando dico nessuno intendo nemmeno i piccoli risparmiatori che magari hanno affidato i loro investimenti a istituti bancari il cui management ha compromesso la solidità patrimoniale della banca stessa con strategie ed investimenti di mercato fallimentari. Sembra che non esista più il motto "chi sbaglia, paga" o peggio a nessuno fa piacere che possa ritornare in auge: per questo motivo oggi abbiamo ancora banchieri, policy makers e regolatori che hanno compromesso la stabilità e la serenità dell'epoca contemporanea che rimangono tuttora al loro posto, magari suggerendo che cosa si dovrebbe fare per risanare quei danni che proprio loro hanno creato o provocato indirettamente.

Molti lettori ancora ad oggi mi scrivono chiedendomi "quando finirà questo periodo di angoscia finanziaria? Quando potremo ritornare alla nostra serenità almeno per quello che concerne la tenuta e garanzia dei nostri tanto sudati capitali e risparmi?".

Per rispondere a tale quesito mi vengono in mente molte date che hanno fatto la storia dei mercati finanziari e ad ognuna di esse è collegata una vicenda o un determinato crash finanziario. Ricordiamone alcune, quelle più impattanti avvenute durante lo scorso secolo: il famoso crash del 1929, che diede poi avvio alla Grande Depressione; il 1973 con la crisi petrolifera; il 1987, l'altro grande crack di borsa del mercato statunitense; il 1997 con il quasi fallimento del Long Term Capital Management e la crisi delle tigri asiatiche; il 2001 con lo sboom della New Economy ed il default dell'Argentina; il 2008 con il crash di Lehman Brothers; il 2010 con il salvataggio della Grecia e la crisi immobiliare di Dubai e il 2012 con l'istituzione del Fiscal Compact, del Meccanismo Europeo di Stabilità e di tutte quelle reti di protezione finanziaria necessaria a garantire le grandi banche sistemiche europee, come abbiamo già avuto modi di farne menzione nei capitoli precedenti.

Se vi soffermate a studiare la periodicità di questi eventi funesti che colpiscono i mercati finanziari noterete come la loro frequenza di comparsa si sia intensificata. Questo è dovuto a una maggior interazione di tutte le economie del mondo e alle modalità di migrazione che hanno oggi i capitali rispetto a 30 anni fa. Vale a dire che un milione di euro si può spostare nel giro di qualche secondo da un mercato in Asia ad un mercato in Sudamerica grazie ad un click di mouse, trent'anni fa non sarebbe di certo stato possibile.

I capitali che riescono a spostarsi così velocemente producono "sine ulla dubitatione" più efficienza ai mercati finanziari, ma al contempo stesso anche più volatilità, proprio perché vi sono operatori istituzionali del mercato gestito che possono movimentare grandi quantitativi di denaro per conto di molti investitori e risparmiatori creando veri e propri effetti shock, come abbiamo avuto modo di analizzare all'interno del capitolo relativo al peso di BlackRock nell'economia mondiale.

Gli italiani scoprono che è finita un'era, l'era del risparmio a rendimento facile, sono stati abituati per decenni, soprattutto i nostri genitori, ad investire in asset tangibili e finanziari sicuri ed in qualsiasi momento facilmente smobilizzabili, vale a dire gli immobili residenziali e i titoli di stato italiani, ricordiamo a tal fine che sono stati costruiti veri e propri patrimoni grazie alle certezze di queste due semplici asset class.

Per questo, dopo il crash Lehman Brothers, è finita l'era del denaro facile, ovvero è finita l'era del "cassettismo da pensionato", quella metodologia di investimento tipico che hanno implementato per decenni gli italiani e che consisteva nell'investire in uno strumento finanziario e dimenticarsene per sempre negli anni a venire, attendendo il momento del riscatto o della sua naturale scadenza.

La strategia, chiamata in termini tecnici di "buy and hold", ovvero compera e mantieni, è completamente obsoleta, oggi avrebbe più senso parlare di "hit and run", ovvero mordi e fuggi, in quanto la volatilità e la presenza di rischi sistemici a causa di fenomeni di ingerenza di tutte le grandi economie nei confronti dei mercati finanziari, sia azionari che obbligazionari, ha portato a generare fenomeni purtroppo anche distorsivi, come l'elevata volatilità tipica degli investimenti finanziari di questi ultimi cinque anni.

Per questo motivo si è voluto dare tale titolo a questo capitolo: non sappiamo quando, ma state certi che ve ne sarà presto un altro, colpendo magari la Cina o il nostro stesso Paese oggetto di un commissariamento sovranazionale al pari di quello vissuto dalla Grecia e dalla Spagna. In tal senso oggi possiamo definitivamente considerare inesistenti i cosiddetti investimenti "risk free" ovvero gli investimenti privi di rischio.

Tutti sottopongono l'investitore ad una componente di rischio che cinque anni fa nessuno si sarebbe immaginato, a cominciare proprio dai migliori titoli di stato. Da un lato abbiamo mercati sempre più complessi, sempre più volatili e soprattutto sempre più correlati, il che significa che un mercato azionario in difficoltà negli Stati Uniti o in Europa si trascina dietro anche mercati azionari in Asia o in Sudamerica.

Dall'altro lato abbiamo strumenti di investimento e di analisi che cinque o dieci anni fa non esistevano e che permettono pertanto di costruire portafogli che abbiano una cosiddetta correlazione negativa tra le diverse asset class strategiche di investimento, consentendo di attenuare la volatilità dell'intero portafoglio investito. I miei report finanziari mirano ad esempio proprio a questo: fornire indicazioni per sopravvivere in momenti di volatilità finanziaria inattesa successivi a tensioni di natura macrosistemica che colpiscono improvvisamente i mercati.

Essendo terminata l'epoca dei BOT People, l'italiano medio si deve mettere in testa che deve smettere di delegare ciecamente la gestione dei propri investimenti e risparmi a soggetti che hanno dimostrato presenza di conflitti di interesse palesi e soprattutto incapacità nel saper gestire o prevedere possibili rischi nel futuro, sto parlando da questo punto di vista di banche e promotori finanziari.

Nel 2006 e nel 2007 quando i miei lettori si presentavano allo sportello di banca o andavano dal loro promotore finanziario con uno dei primi libri che allora scrissi, si sentivano dire "questo libro contiene esagerazioni e allarmismi privi di significato, i nostri uffici studi e le nostre analisi non ci fanno temere particolari rischi per il momento in corso".

Ricordiamo come sono finite gran parte di queste grandi banche, obbligate dalle autorità monetarie a processi di patrimonializzazione forzata a fronte di perdite economiche rilevanti causate da scelte gestionali completamente errate. Oggi grazie alla rete sono disponibili letture del panorama economico e finanziario attuale che utilizzando strumenti e metodologie di analisi che la maggior parte delle realtà bancarie o finanziarie hanno dimostrato di non avere o di non saper sfruttare nell'interesse della propria clientela.

Per questo motivo mi sento di ricordare a tutti i lettori di questo pamphlet di iniziare d'ora in poi a dedicare una parte consistente del proprio tempo libero per il monitoraggio e l'analisi del proprio patrimonio, delle scelte che sono state fatte e soprattutto dei rischi possibili nell'immediato futuro. Non è più possibile accettare l'idea di rimanere in balia dei mercati finanziari che saranno oggetto di numerose problematicità negli anni a venire a causa di economie che sono destinate a far emergere nuove criticità sistemiche (da questo punto di vista la Cina è in pole position).

Non esiste alcuna banca sicura, alcun investimento sicuro, alcuno strumento di risparmio sicuro, esiste solo la diversificazione, non degli asset di investimento, ma delle strategie di investimento. La maggior parte ad esempio dei fondi comuni di investimento che sono distribuiti in

Italia hanno un andamento unidirezionale, il che significa che genereranno performance positive se il mercato di riferimento avrà performance positive, qualora invece il mercato rimanga stazionario, o peggio ancora vada incontro ad una contrazione o sia negativo, il vostro investimento sarà soggetto ad una costante e sistematica contrazione di valore.

Il decennio che stiamo vivendo ci mette nelle condizioni di poter attingere e sfruttare strumenti di investimento e strategie di investimento grazie e soprattutto alle infrastrutture informatiche e gestionali presenti sulla rete, messe a disposizione da banche online e società di investimento finanziario online: 15-20 anni fa questo sembrava essere fantascienza, oggi rappresenta una opportunità disponibile a tutti.

Si tratta solo di iniziare a essere padroni del proprio denaro, disporne liberamente e soprattutto investirlo senza farsi abbindolare dalle proposte di investimento ormai profondamente deleterie avanzate dalle banche tradizionali e dalle loro reti di promozione finanziaria.

Ricordate che cosa è stato espresso all'interno della prefazione del pamphlet, siamo in piena rivoluzione industriale, quest'ultima resa possibile e innescata dalle nuove tecnologie digitali e di interazione mobile, cercate il modo di sfruttare tutte le opportunità e le potenzialità che oggi vi vengono date dal web e da tutti gli operatori del risparmio gestito che hanno scelto di concentrarsi e crescere soprattutto attraverso i canali interattivi non tradizionali.

3. LA CADUTA DEGLI DEI

Gli italiani sono sempre stati abituati a pensare e credere che l'investimento in immobili fosse un investimento sicuro. Oggi abbiamo la certezza e la fondatezza di questa affermazione, infatti se decidete di investire in proprietà immobiliari è sicuro che perderete denaro. Il mercato immobiliare italiano sta vivendo una tragica ed inquietante fase di downtrend che si protrae ormai da oltre cinque anni.

Citiamo alcuni dati per inquadrare e comprendere la dimensione di questo fenomeno. In epoca pre-crisi, nel 2007, il prezzo medio di un'abitazione residenziale in Italia ammontava a 2.100 euro per metro quadrato, oggi alla fine del primo semestre 2014 la stima parla di 1.500 euro. Sul piano occupazionale comprendiamo la gravità di questo momento di mercato, considerate ad esempio che in cinque anni si sono ritirate dalla competizione imprenditoriale oltre 60.000 imprese di costruzioni che hanno a loro volta bruciato oltre 700.000 posti di lavoro considerando anche il volume dell'indotto.

Il dato principe che inequivocabilmente rappresenta la dinamica del mercato immobiliare è rappresentato dal numero delle compravendite, 780.000 unità immobiliari vendute nel 2007 contro una previsione di appena 400.000 per il 2014, si tratta di una contrazione di quasi il 50% del volume che generava l'Italia quando non era ancora compromesso il potenziale di un investimento in proprietà immobiliari. Quali sono le cause che hanno prodotto una tale contrazione?

Le cause sono riconducibili a più elementi di natura tanto endogena quanto esogena. Iniziamo pertanto da quelle esogene, la crisi finanziaria innescata nel 2008 ha prodotto degli effetti nocivi per le organizzazioni finanziarie e gli istituti bancari italiani che erano impegnati nell'erogazione dei mutui ipotecari per l'acquisto della prima casa. Il credit crunch infatti rimane una conseguenza se non un'esigenza degli operatori bancari, come abbiamo avuto modo di rappresentare nel precedente capitolo, al fine di ridimensionare sia i propri rischi che anche i propri impieghi.

La crisi finanziaria, che col tempo è diventata grande depressione economica, trova fondamento anche in problematiche legate alla mutazione demografica del nostro Paese, contribuendo a modificare le logiche di affidamento degli istituti di credito: è palese come le banche siano sempre più restie a prestare denaro alle giovani coppie per l'acquisto di una prima casa.

La composizione e mutazione demografica del nostro Paese fa comprendere che a fronte dell'attuale saturazione che contraddistingue l'offerta immobiliare italiana solo le coppie giovani possono essere in grado di generare un effetto propulsivo alla ripresa tanto delle quotazioni quanto delle compravendite.

E' su questo fronte che potremmo aprire un'interessante discussione, in quanto il deterioramento del tessuto imprenditoriale in Italia rende sempre più rischioso affidare denaro ad una coppia di giovani adulti, i quali poi potrebbero trovarsi in difficoltà nella restituzione del prestito concesso qualora dovessero perdere il posto di lavoro o come sempre più accade andare incontro ad un fallimento matrimoniale.

Su questa eventualità molti operatori bancari sono sempre più scrupolosi, in quanto come è statisticamente dimostrato i default matrimoniali arrivano ormai a pesare per il 60%, (60 coppie su 100 tendono a separarsi entro i primi due anni di matrimonio). Per chi presta denaro questo fenomeno sociale ha non poche ripercussioni in ambito patrimoniale, in quanto la ex coppia avrà ovvie difficoltà nel far fronte ai propri impegni finanziari: rimarrà infatti arduo anche tentare di vendere l'immobile sul quale grave il mutuo ipotecario.

Considerate a tal punto che in Italia si stimano essere presenti sul mercato come proprietà invendute o non locate circa 800 mila abitazioni, questo fa comprendere come sarà sempre più difficile in futuro riuscire a smobilizzare e vendere una proprietà immobiliare a meno che quest'ultima non sia ubicata in un contesto residenziale di pregio ed in massima classe energetica.

La causa che comunque in Italia ha contribuito negli ultimi tre anni ad aggravare il clima negativo del settore immobiliare è rappresentata dalla fiscalità sulle prime e seconde case, che è mutata radicalmente in peggio grazie ai governi Monti, Letta e ora Renzi. Dall'ICI, passando all'IMU, arrivando alla TARSU e alla TARES, le imposte che gravano su una proprietà immobiliare residenziale sono raddoppiate o triplicate: tanto per fare un esempio, chi possiede una seconda casa utilizzata generalmente come residenza per le vacanze estive si è trovato a dover sostenere imposte patrimoniali che sono passate da 500 euro a oltre 1500 euro per un modesto appartamento in località turistica.

La fiscalità ha impattato profondamente sul mercato immobiliare, in quanto si ha la certezza e constatazione di come chi governa di volta in volta utilizzi la prima casa degli italiani al pari di un bancomat ogni qualvolta si debbano intraprendere misure finanziarie straordinarie.

In aggiunta a questa lettura dobbiamo segnalare come vi sono degli ulteriori pericoli negli anni a venire destinati a peggiorare ulteriormente il quadro sinora delineato, questo è dato dai programmi di smobilizzo dei fondi immobiliari di società a partecipazione pubblica o di enti previdenziali privati, i quali si stima immetteranno sul mercato italiano proprietà immobiliari per un controvalore superiore ai 500 miliardi di euro. In questo modo il mercato immobiliare si trasformerà da saturo a ingolfato e sarà pressoché impossibile riuscire a smobilizzare una proprietà immobiliare ad un prezzo ragionevole o ritenuto soddisfacente.

Le conseguenze di questo cambiamento di outlook dell'intero mercato sono presto palpabili e percepibili da chiunque: ad esempio l'allargamento dello spread tra la prima proposta concreta di acquisto ed il prezzo richiesto dal venditore, in taluni casi si arriva anche ad un 25% di scostamento. La crisi delle compravendite potrebbe far presupporre che a beneficiare di tutto questo dovrebbe essere il mercato delle locazioni, ovvero degli affitti, ebbene sembra un paradosso ma anche quest'ultimo sta subendo e vivendo una incredibile fase di contrazione.

La crisi economica, la crisi dei posti di lavoro, l'incerto destino fiscale per le proprietà immobiliari in Italia fa sì che gli inquilini chiedano e pretendano un ridimensionamento del canone di locazione, pena l'abbandono dell'immobile con la volontà di individuarne un altro ritenuto più appetibile. Molti proprietari di immobili accettano senza grandi pressioni queste nuove condizioni sapendo che almeno in questo modo possono remunerare la loro proprietà, remunerazione che consente di sostenere tutti gli oneri fiscali ad essa imputati.

Vi è di più. L'allargamento dello spread tra potenziale acquirente e richieste del venditore può produrre delle conseguenze molto spiacevoli qualora il venditore accetti di effettuare ugualmente la compravendita (solitamente per disperazione o necessità): in tal senso infatti, qualora un immobile venga ceduto ad un importo significativamente ridotto rispetto ai "valori medi" di mercato, questo può indurre l'Agenzia delle Entrate ad effettuare un accertamento sintetico, in quanto l'ufficio finanziario presume che il venditore abbia incassato in contanti una parte del controvalore della compravendita. Sembrerà un paradosso ma è così, persone che necessitano di liquidità per gestire le proprie esigenze familiari e imprenditoriali, qualora decidano di perseguire questa strada, quindi la svendita del bene, si espongono a rischio di accertamento fiscale, con le ovvie seccature.

Quello che non sta invece vivendo un periodo di crisi, anzi esattamente l'opposto, è l'investimento immobiliare in abitazioni ubicate al di fuori dei nostri confini, soprattutto nei confronti di Paesi in cui non solo si voglia investire per ragioni di apprezzamento dell'investimento, ma anche per motivazioni legate alla delocalizzazione della propria vita e della propria famiglia, decidendo pertanto di abbandonare per sempre il Vecchio Stivale andandosi a trasferire in Paesi che al momento sono ritenuti più confortanti.

Da questo punto di vista in cinque anni sono oltre 50 mila le unità abitative acquistate dagli italiani all'estero, e per estero intendiamo Paesi come la Spagna, la Francia, l'Inghilterra, la Grecia, la Svizzera ed alcuni Paesi con vocazione turistica in Sudamerica (Ecuador e Brasile) e Centro America (Belize e Costa Rica).

Quali possibilità hanno a questo punto le persone che si trovano con un patrimonio immobiliare consistente, magari ereditato nel corso degli anni e che oggi desiderassero smobilizzarlo, anche parzialmente? Purtroppo non hanno grandi possibilità, anzi la probabilità che si trovino con un investimento destinato a trasformarsi in una sorta di sabbia mobile è molto plausibile. In Italia i capitali scappano, le persone con capacità emigrano, quello che non può lasciare il Paese è rappresentato dalle abitazioni che saranno sempre più spesso oggetto di oppressione fiscale.

Chi avesse provato a vendere un appartamento in zona residenziale in questi ultimi mesi è perfettamente conscio del fatto che se vuol sbarazzarsene deve accettare di vendere anche al 30-40% del prezzo medio di mercato attuale, badate bene che già quest'ultimo è molto distante dal prezzo medio del picco dei valori percepiti in Italia tra il 2005 e il 2006.

Recentemente hanno iniziato a dimostrare la loro possibile efficacia prodotti e strumenti legati alla compravendita di beni immobiliari come la cessione della nuda proprietà o l'affitto con riscatto, quest'ultimo soprattutto proposto da costruttori immobiliari con la speranza di rendere più attraenti le soluzioni abitative che hanno realizzato negli anni precedenti e che risultano tuttora invendute sul mercato.

4. L'ANALOGIA CON DETROIT

Per fornire ulteriori elementi di riflessione sui temi sviluppati nel capitolo precedente, voglio ritornare su una notizia che ha scosso i mercati finanziari durante la passata estate e che purtroppo non ha avuto molta visibilità in Italia. Il 18 Luglio 2013 la città di Detroit ha dichiarato fallimento: sostanzialmente non è stata in grado di rimborsare i propri municipal bonds per un ammontare di oltre 18 miliardi di USD.

Negli USA enti ed amministrazioni locali (come città, scuole, società pubbliche) emettono obbligazioni per reperire fondi e finanziare i progetti e le infrastrutture da realizzare. Queste obbligazioni sono definite "municipal bonds" ovvero obbligazioni della municipalità, in Italia abbiamo qualcosa che gli può assomigliare, sono i BOC ovvero i Buoni Ordinarie del Comune come quelli emessi dal Comune di Catania o Taranto.

Mentre nel nostro paese i BOC sono emissioni di natura occasionale ed eccezionale, soprattutto quando un ente pubblico si trova in difficoltà finanziaria, negli USA i municipal bonds rappresentano una prassi amministrativa ricorrente e molto diffusa: considerate a tal riguardo che il mercato di questi bonds ammonta a oltre 3,7 trilioni di dollari coinvolgendo più di 80.000 emittenti. Vengono sottoscritti tanto da soggetti privati, ad esempio piccoli investitori, quanto e soprattutto da grandi operatori del risparmio gestito internazionale come fondi comuni di investimento e così via in quanto spesso garantiscono tassi di interesse molto appetibili. Chi li sottoscrive o li acquista inoltre confida nella reputazione dell'emittente per la solvibilità del suo investimento, considerando che l'ente pubblico che li ha emessi può imporre nuove tasse in caso di necessità per far fronte a momentanee difficoltà per il rimborso del prestito.

Purtroppo nel caso di Detroit, questa sicurezza è decaduta definitivamente: infatti chi ha in portafoglio un bond municipale di questa città con molta presunzione ha un pezzo di carta che non vale più niente. In termini tecnici questo si chiama rischio emittente ovvero la possibilità che chi emette una obbligazione non sia in grado di rimborsarla a scadenza.

Ho visitato Detroit nel 2010 durante un viaggio studio sulla crisi dei sub-prime: ricordo ancora che quando passeggiavo di giorno per le avenue principali di Mid Town il quadro che si percepiva era già allora desolante. Inutile dire che le famose case da 250 USD in vendita nei quartieri contigui rappresentavano a tutti gli effetti denaro buttato al vento. Detroit è stata per decenni la capitale mondiale dell'industria automobilistica, una città che con tutto il suo hinterland ha avuto un ruolo di leadership nell'economia mondiale, considerate che nel momento di massimo splendore durante gli anni Sessanta trovare casa per chi voleva cercarvi lavoro era quasi impossibile.

Oggi Detroit è la città americana con il più alto tasso di criminalità, disoccupazione e povertà: la popolazione ha subito un vero e proprio sfoltimento, dai quasi due milioni di fine anni Cinquanta siamo passati ai circa 680.000 di fine 2012, con una costante e progressiva contrazione anno dopo anno. Oltre allo sfoltimento, la popolazione ha subito anche una vera e propria mutazione, dal 70% di popolazione bianca degli anni Sessanta siamo passati oggi all'80% di popolazione nera.

La città è ormai menzionata come icona per antonomasia dei fenomeni di degrado ed abbandono urbano. Detroit paga a distanza di decenni scelte sconsiderate sia in termini di politica industriale che di fuorviante programmazione dei flussi di immigrazione. Nel primo caso una avventata focalizzazione solo nei confronti del settore automobilistico secondo la tradizione americana, quindi grandi vetture dai consumi sproporzionati, le cui vendite sono entrate in crisi quando il prezzo del gallone alla pompa è quasi triplicato.

Per quanto riguarda il secondo caso, l'industria automobilistica a partire dagli anni Cinquanta iniziò a preferire manovalanza di colore per le linee produttive, proveniente soprattutto dagli Stati del Sud, più che altro per ragioni politiche e convenienze sindacali. La città divenne pertanto meta di flussi di immigrazione dalle competenze e qualifiche decisamente mediocri: tali flussi innescarono un lento processo di colonizzazione della città da parte di maestranze di colore che in parallelo produssero un progressivo allontanamento volontario dei bianchi dalla città, motivato dall'aumento della criminalità e conflittualità sociale che iniziò a caratterizzare la città.

L'abbandono della città da parte della white middle class unitamente alle loro attività economiche produsse anno dopo anno un pesante ridimensionamento del gettito fiscale alle casse municipali a seguito di minori imposte versate. Gran Torino di Clint Eastwood racconta con grande maestria proprio questa fase di trasformazione.

Considerando la fase di deindustrializzazione di regioni come il Veneto e la Lombardia con la fuga e moria di imprenditori unitamente alle lenta penetrazione di immi-non-grati dai mezzi limitati, abbiamo la presunzione che lo scenario immobiliare stile Detroit diventerà nei prossimi anni una caratteristica distintiva di molte aree urbane del Nord Italia.

5. DELOCALIZZARE LA VECCHIAIA

Sarà il fosco orizzonte che si delinea in Italia, ma la domanda principe che mi viene rivolta da mesi è in quale Paese potrebbe essere conveniente andare a vivere decidendo di abbandonare per sempre la propria nazione. Partiamo subito dicendo che non esiste uno stato in particolare che vince su tutti, dipende infatti da che cosa si è in grado di fare una volta traslocato con la proprio famiglia oppure su quanto denaro si può fare affidamento volendo vivere di rendita.

Non vi sono più dubbi, l'Italia vivrà nei prossimi vent'anni una lenta e progressiva fase di impoverimento e crescente conflittualità sociale, non ha senso da questo punto di vista pensare di invecchiare in un Paese con tali prospettive. Un tempo questo tipo di considerazioni sarebbero state fuori luogo o impensabili in quanto l'Italia era considerata il Bel Paese per eccellenza ovvero il luogo al mondo in cui tutti volevano trasferirsi per godersi la vita: sappiamo come siamo stati capaci di compromettere questo primato.

Per questo motivo, la pianificazione della propria vecchiaia al di fuori dei confini nazionali ormai rappresenta per migliaia di connazionali una exit strategy. Negli ultimi due anni sono costantemente in aumento il numero di pensionati italiani che hanno scelto di trascorrere il resto della loro vita in Paesi che garantiscono maggiore convenienza di vita soprattutto per chi ha una pensione inferiore ai 1.000 euro.

Per noi italiani questo fenomeno rappresenta una eccezionalità, una moda fuori dal costume o in alcuni casi una vera e propria esigenza di vita, tuttavia per altre popolazioni, soprattutto quelle anglosassoni, il tutto rientra all'interno della normalità. Pensateci un momento: che senso ha una volta in pensione continuare a trascorrere il resto della propria vita nella stessa località in cui si è vissuto o lavorato, pensate alle grandi metropoli o alle grandi aree urbane, spesso caratterizzate da un clima piuttosto ostile. In molti casi più che godersi quello che resta da vivere si aspetta sommessamente di morire per essere sepolti nel cimitero della propria città natale.

Su questa considerazione anche un ragazzo molto giovane o una coppia appena sposata dovrebbe dedicare parte delle proprie energie mentali oltre a quelle economiche a stilare e definire il proprio retirement planning ovvero pianificare come e dove trascorrere la loro terza e quarta età, quando arriverà il momento.

La chiamano delocalizzazione della vecchiaia. Mi trovo in piena sintonia con questo pensiero, sarà che sono nato e cresciuto in una gloriosa regione, ma ahimè poco accogliente sul versante climatico. Per questo motivo non si dovrebbero investire troppe risorse finanziarie sulla propria abitazione in Italia (specie nelle regioni del Nord), quella del vivere quotidiano intendo, quanto piuttosto accantonare nel tempo le disponibilità necessarie per acquistarsi una seconda abitazione in prossimità del mare in Tunisia o in Grecia o altro Paese gradito.

Nazioni come la Spagna ne hanno fatto una scelta strategica: sedurre ed attirare pensionati benestanti da tutta Europa i quali accreditano le loro pensioni presso banche spagnole, acquistano una residenza in una gradevole località turistica e contribuiscono così facendo a foraggiare i consumi interni spagnoli. Anche l'Italia dovrebbe imitare la Spagna, vedo tuttavia che ancora nessun partito politico ha mai messo o proposto nella sua agenda una strategia di incentivazione nei confronti dell'estero che potrebbe dare molta soddisfazione e ritorno economico in particolar modo alle regioni meridionali, isole comprese, caratterizzate da un territorio accogliente, con meno impatto industriale ed un clima gradevole anche nei mesi invernali.

Dopo tutto non vi è nulla di che stupirsi, basta soffermarsi a pensare su come in trent'anni abbiamo gestito il nostro potenziale turistico. Sembrerà inconsueto sentirne parlare da un giovane (concedetemi ancora questo appellativo) tuttavia in Italia le persone anziane benestanti provenienti dagli altri Stati possono diventare una risorsa da gestire, per le ovvie motivazioni che abbiamo espresso prima, senza dimenticare i benefici indiretti che si genererebbero anche per il mercato immobiliare.

Pariteticamente mi sentirei molto più sicuro e convinto nell'investire denaro e risorse in un Paese che attira pensionati da tutta Europa, piuttosto che trovarmi a vivere in uno come il nostro che li fa scappare in tutti i modi.

6. L'ESSENZA DI MARE NOSTRUM

Per capire che cosa sia Mare Nostrum, bisogna vivere al centro del Mediterraneo. Io vivo ormai a Malta da dieci anni e durante questo decennio oltre che vedere molto da vicino quello che nel frattempo è accaduto ho avuto anche la possibilità di conoscere numerose personalità inserite tanto nelle organizzazioni umanitarie che hanno gestito le varie strategie di soccorso ai clandestini (che gli altri chiamano migranti o rifugiati politici) quanto nei governi che hanno attuato le varie linee guida per la gestione del fenomeno.

Parlare di Mare Nostrum senza prima aver conosciuto qualche clandestino che è entrato in Italia, in Grecia o a Malta eludendo le vigenti disposizione di legge del rispettivo Paese è come parlare di prostituzione ad una vergine ignara di come si espleta un rapporto sessuale. Recentemente all'aeroporto di Malta ho conosciuto per un caso fortuito un operatore sanitario presso una ONG presente in Libia.

Cominciamo con il dire che i media nazionali in Italia hanno gonfiato a dismisura la favola (tragedia) della Siria, nel senso che tutti gli sbarchi che si sono verificati durante il primo semestre dell'anno sono rappresentati da profughi siriani che scappano dal loro Paese. Questa è una delle più grandi falsità che continuano ad utilizzare soprattutto la stampa di sinistra o quei giornalisti radical-chic per giustificare l'accoglienza e gli aiuti ad infinitum nei confronti di questi clandestini. Di siriani forse ve ne saranno due o tre ogni trecento che arrivano ed abbiamo anche preso un dato molto ottimistico. La stragrande maggioranza arriva dal Sudan, Egitto, Eritrea, Etiopia,

Somalia, qualcuno dalla Liberia, Niger e Nigeria. Nessuno di questi clandestini che arriva è fornito di documenti di riconoscimento: sono disposti per questo a spendere migliaia di euro, anche 5.000 ciascuno, pur di sostenere un viaggio della morte di dozzine di giorni in mezzo al deserto quando potrebbero arrivare in Italia atterrando a Roma in poche ore con un volo aereo in prima classe per molto meno della metà.

Questo se avessero il passaporto. Generalmente non si possiede il passaporto perchè te lo hanno ritirato (chissà per quale motivo) oppure perchè non te lo hanno rilasciato (chissà per quale altro motivo). Dieci anni fa quando decisi di trasferirmi a Malta, dovetti presentare, contratto di affitto di un'abitazione, copertura sanitaria privata e la disponibilità di una provvista di fondi finanziari a cui avrei potuto attingere in caso di necessità o indigenza economica.

L'operatore della ONG in qualità di medico mi ha rivelato che se la maggior parte delle persone in Italia fossero a conoscenza di quali rischi sanitari sta andando incontro la popolazione, soprattutto le fasce più deboli, bambini ed anziani, ci sarebbe una mobilitazione di massa che richiederebbe l'intervento dell'esercito a presidio dei confini nazionali. Stiamo parlando di rischi ormai oggettivi legati a epidemie che potrebbero scoppiare in pochissimo tempo a causa delle condizioni igieniche e sanitarie che caratterizzano molti clandestini (scabbia e vaiolo sono in pole position da questo punto di vista). Non mi dilungo sul caso Ebola di cui ho già scritto abbondantemente sul mio sito.

La stampa ed i talk show nazionali, quasi tutti sinistroidi, se ne guardano bene nel dare visibilità a queste considerazioni: l'unico messaggio che deve passare è dobbiamo aiutarli e farli entrare, costi quel che costi. Noi siamo ricchi (si fa per dire) e loro sono poveri disperati. A Malta ho conosciuto in questi ultimi tre anni imprenditori libiani (qui li chiamiamo cosi) ed egiziani che sono i primi ad essere timorati per questa situazione di disordine sociale e mancanza di controllo in Nord Africa.

Tutti rimpiangono i vari leader/dittatori che prima governavano i rispettivi Paesi. Più di tutti si rimpiange Gheddafi, l'uomo che agli inizi degli anni Ottanta aveva intenzione di creare gli Stati Uniti d'Africa, coalizzando e guidando tutti le nazioni del continente, per evitare di subire lo strapotere delle economie occidentali.

Per questo faceva paura, perchè con il suo carisma e la sua leadership avrebbe potuto imprimere un cambio di svolta epocale per l'Africa e le popolazioni africane. A causa dell'ingerenza statunitense e per l'egocentricità di Amin, il dittatore dell'Uganda, il progetto cadde in disgrazia. Purtroppo con la sua morte sono iniziati i problemi per il Mediterraneo, il controllo che aveva sulla Libia e sulle sue coste rappresentava la miglior garanzia di stabilità sociale per tutti le nazioni bagnate da questo mare.

L'operazione Mare Nostrum è una costosa coreografia che sta andando in scena per gestire l'invasione controllata e pianificata che l'establishment sovranazionale europeo ha ideato per consentire la sostenibilità economica e finanziaria di pensioni e debito pubblico. In Europa servono 11 milioni di clandestini entro il 2020, questi nuovi consumatori e lavoratori consentiranno di compensare gli effetti negativi di un progressivo invecchiamento della popolazione europea e di un crollo della natalità.

Non si parla di complottismo, ma di exit strategy. L'Europa che ha sempre voluto controllare e commissariare tutto quello di cui aveva paura o quello che doveva essere gestito per l'interesse di qualcuno, sino ad ora è sempre rimasta alla finestra lasciando agli italiani il compito di gestire il tutto.

Questo è il principale indizio che vi fa capire come quanto sta accadendo non solo va benissimo, ma anzi deve continuare. Lasciare il tutto nelle mani degli italiani è la soluzione ideale. Da questo punto di vista l'operazione Mare Nostrum dovrebbe essere rinominata più propriamente in Cazzi Vostrum.

Sogno un nuovo primo ministro italiano che in partnership con quello maltese istituisca una Authority per la Vigilanza e Controllo Militare del Mediterraneo, in modo da vigilare e proteggere tanto i confini geografici della nazione quanto la sua credibilità internazionale.

7. PICCOLO ERA BELLO

Con grande rammarico mi trovo ad iniziare questo capitolo che molti lettori avranno intuito riguardare il Nord Est ed il suo modello economico, un tempo osannato e studiato in tutte le università prestigiose del mondo come un modello economico da emulare. Questa macroregione ha fatto purtroppo parlare molto di sé in questi ultimi due anni a causa di episodi di cronaca nera riguardanti i suicidi di numerosi imprenditori che hanno scelto di abbandonare la competizione sul mercato per sempre, schiacciati dai debiti o dalle istanze di pagamento di Equitalia.

La crisi finanziaria prima e successivamente quella economico-industriale hanno sancito la fine tanto del fenomeno quanto del successo del Nord Est. Ricordo ancora i tempi in cui durante le lezioni universitarie veniva osannato quanto piccolo fosse bello, ovvero come le modeste dimensioni delle piccole imprese di questa macroregione fossero l'elemento chiave del loro successo imprenditoriale.

Rammentiamo a tal fine quali sono state le caratteristiche che hanno contribuito negli anni precedenti all'emersione del modello economico di questa parte del nostro Paese che tutto il mondo sino al 2008 ci ha invidiato: tanto per iniziare sottolineiamo subito l'elevata intensità e capacità di lavoro che caratterizza tanto gli imprenditori quanto le maestranze di questa macroregione, a cui si è affiancata non da meno uno straordinario spirito di flessibilità ed adattabilità.

Ulteriori elementi di successo sono stati rappresentati dalle svalutazioni monetarie avvenute nei decenni precedenti, che hanno contribuito a generare appeal e convenienza delle merci e servizi esportati, a cui va affiancata anche la facilità e disponibilità di accesso al credito grazie a banche con spiccata vocazione territoriale con le quali si è potuto instaurare un rapporto simbiotico tra microimpresa e governance bancaria.

Che cosa allora è accaduto al modello economico del Nordest in così poco tempo da far ricredere i suoi stessi sostenitori e ammiratori? Si sono spiacevolmente verificati tre shock sistemici che hanno mutato le condizioni dello scenario economico durate i primi anni del nuovo millennio, questi ultimi in grado di cambiare gli equilibri geo-economici e i meccanismi di concorrenza sino ad allora sedimentati.

Primo fra tutti l'entrata in scena sul panorama mondiale di nuovi players economici, soprattutto provenienti dall'Asia, che riescono ad essere più competitivi grazie a bassissimi costi di produzione con cui il Nord Est non è assolutamente in grado di gareggiare. Secondariamente vi l'ascesa del world wide web, la rete innesca una nuova rivoluzione industriale consentendo di far conoscere fornitori distanti decine di migliaia di chilometri e di consentire lo scambio mercantile tra controparti un tempo impossibilitate a conoscersi con facilità ed economicità. Infine un ulteriore colpo di grazia arriva con la moneta unica, che non aiuta più la piccola e media impresa abituata a svalutazioni periodiche, imponendo al sistema bancario meccanismi di erogazione del credito più rigidi e oggettivi.

I tre shock che caratterizzano i primi cinque anni del nuovo millennio impattano profondamente sul modello economico del Nord Est facendo emergere due criticità strutturali che oggi ne determinano la fine o la lenta dipartita, primo fra tutti la sottocapitalizzazione. Il Nord Est, in particolar modo il Veneto, si è distinto per l'alta vocazione imprenditoriale a cui purtroppo non ha fatto seguito una significativa capitalizzazione della forma di impresa adottata. Questo ha messo le piccole e medie imprese nell'incapacità di far fronte a momenti di contrazione del credito e soprattutto di non poter competere sul piano finanziario con i partner europei strutturati sotto forma di aziende dalle dimensioni medie significativamente più rilevanti.

A tal riguardo ricordiamo come la sottocapitalizzazione sia anche una conseguenza di un modo obsoleto, quasi medioevale, di concepire come unico canale di finanziamento esclusivamente il solo sistema bancario. In Italia ed in particolar modo nella macroregione del Nord Est la piccola e media impresa si finanzia per il 90% dei casi esclusivamente da banche nazionali o locali, contro una media che va dal 40 al 50% dei competitor europei, i quali individuano in attori ed operatori del private equity o nella finanza locale o nel mercato dei capitali, leggasi borsa, possibili soggetti in grado di finanziarie l'attività di impresa.

Su questo fronte gli imprenditori del Nord Est hanno perso e sono incapaci di continuare a competere per ragioni purtroppo di modesta capacità manageriale. Provate a proporre a tal fine infatti ad una piccola e media impresa un'iniezione di capitale di rischio da parte di un potenziale soggetto investitore, come un fondo di private equity, oppure provate a proporgli di farsi finanziare attraverso nuovi strumenti disponibili grazie alle tecnologie digitali della rivoluzione industriale in cui stiamo vivendo, come ad esempio il crowd funding.

Vi sentirete rispondere che lui preferirà veder fallita la propria impresa piuttosto che condividerla con un terzo soggetto estraneo o accettare di condividere scelte di strategie imprenditoriale con soggetti terzi. Con grande rammarico la gelosia imprenditoriale che caratterizza soprattutto questa parte dell'Italia ha prodotto e continuerà a produrre una costante moria di imprese ed imprenditori, ciechi nelle loro convinzioni medioevali ed incapaci di aprire la mente e le braccia al nuovo che sta avanzando. Da questo punto di vista è inutile prendersela solo con l'euro o con le banche o con la fiscalità diffusa, che indubbiamente in questi ultimi cinque anni si è inasprita ed ha compromesso i margini di profittabilità della propria impresa, quando vi sono nuove opportunità per il finanziamento della propria impresa rese possibili grazie alle trasformazioni tanto del mercato dei capitali quanto alle infrastrutture della rete che oggi permettono di ottimizzare gli oneri finanziari e la ricerca di nuovo capitale di rischio. Il Veneto ed il Friuli Venezia Giulia, 150 anni fa erano tra le regioni più povere di tutta Europa, successivamente al secondo conflitto militare vengono intrapresi investimenti infrastrutturali che innescano la proliferazione e crescita di piccole imprese, contribuendo in questo modo al famoso miracolo italiano. Il sottopancia di questo pamphlet "eravamo poveri, torneremo poveri" è dedicato proprio a queste due regioni che stanno vivendo una fase di deindustrializzazione, pensiamo solo ai grandi gruppi industriali che hanno alimentato la crescita e la ricchezza economica per decenni del Nord Est, come il gruppo Benetton, il gruppo De Longhi o il gruppo Luxottica, e di depauperamento socioeconomico dovuto all'incapacità di queste piccole e medie imprese di riuscire a mantenersi in vita a causa di una competizione che non potranno mai vincere. Rimarranno sul mercato solo quelle piccole realtà che hanno investito in innovazione, marketing e soprattutto branding, individuando una nicchia di mercato impenetrabile puntando esclusivamente sulla qualità e ricercatezza delle loro produzioni. In antitesi vi sarà invece un lento e progressivo periodo di desertificazione imprenditoriale che impoverirà non solo queste regioni ma l'intero Paese per il contributo che nel tempo queste ultime hanno sempre contribuito a fornire.

8. IL CAPO DEI CONTADINI

In un momento epocale in cui l'economia di mercato vacilla e mette in profonda discussione le certezze tanto economiche quanto sociali che hanno caratterizzato il quieto vivere degli ultimi tre decenni viene naturale pensare che forse i tempi attuali impongono un ritorno alla terra come exit strategy per molti giovani e padri di famiglia. Proviamo a fare un focus sul settore primario e sul suo attuale andamento.

L'agricoltura e l'allevamento, hanno subito paradossalmente i maggiori danni in termini percentuali degli altri due settori, il secondario ovvero la produzione industriale ed il terziario, ovvero il settore dei servizi. L'agricoltura italiana dimostra in questi ultimi cinque anni una connotazione ed intonazione decisamente ambigua, in quanto sul fronte interno è caratterizzata da una contrazione dei consumi ed un ridimensionamento degli attori economici e delle imprese che lo costituiscono, considerate a tal punto che dal 2007 al 2013 si è assistito ad una moria di oltre 110 mila imprese agricole.

Sul fronte estero, il settore invece continua a dimostrare una spiccata dinamicità grazie al contributo in continua ascesa che genera l'export ed il suo indotto. L'agricoltura italiana, che ricordiamo contribuisce ancora ad oggi in misura rilevante al PIL nazionale con un 15% di peso strategico generando tra diretto ed indiretto un volume d'affari di oltre 250 miliardi di euro, rappresenta un settore leader di mercato in tutto il mondo. Questo risultato è reso possibile grazie a caratteristiche di salubrità, qualità e tipicità delle sue produzioni, con sistemi di controllo della qualità tra i più efficienti al mondo. Ricordiamo come questa caratteristica di eccellenza sia enfatizzata anche dal diniego del nostro Paese all'ingresso ed alla coltivazione degli OGM.

L'Italia da questo punto di vista rimane il primo Paese in Europa per numero di imprese operanti nelle coltivazioni a conduzione biologica, le quali hanno dato forte impulso e sviluppo alle attività agrituristiche, consentendo di poter vantare il primato mondiale per i flussi di incoming generati dal turismo enogastronomico, con una stima di oltre 5 milioni di arrivi all'anno.

Il settore sul piano occupazionale continua ad avere un peso significativo forte dei suoi quasi 850 mila addetti, il 10% dei quali di nazionalità straniera, suddivisi grosso modo in due parti uguali tra lavoratori dipendenti ed imprenditori autonomi del settore. L'agricoltura italiana ha dovuto gestire l'impatto della crisi finanziaria, che ha generato non poche conseguenze alla stessa, in prima battuta con una diminuzione dei consumi interni, come abbiamo già anticipato, causata da un progressivo e drastico inasprimento della fiscalità diffusa e della fiscalità delle produzioni agricole. Ricordiamo a tal punto come l'IVA su gran parte del carrello della spesa alimentare sia aumentata di due punti percentuali a seguito delle modifiche introdotte durante il governo Monti nei confronti di carne, pesce, zucchero, riso, latte e molti altri prodotti di consumo quotidiano.

L'aumento dell'imposizione fiscale e il timore di un futuro sempre più buio ed indefinito ha prodotto una diminuzione dei consumi nazionali interni affiancati ad una mutazione degli stessi, che hanno prodotto una contrazione della domanda interna: è ormai un dato assodato come il successo ad esempio degli hard discount sia conseguenza della necessità di ottimizzare il più possibile il reddito netto disponibile attraverso sia il ricorso all'acquisto di beni alimentari di modesta o discutibile qualità e sia per la rinuncia all'acquisto di generi alimentari nobili come il pesce, la carne, la frutta e la verdura. Il settore continua a mantenere un abbrivio grazie al contributo prodotto dalle esportazioni costantemente in ascesa, queste ultime in particolar modo verso Paesi ed aree geografiche che hanno iniziato grazie ad un mutamento del loro outlook economico a pretendere e desiderare i prodotti della buona cucina italiana.

Questo come vedremo ha generato anche effetti distorsivi, come il tanto denigrato Italian Sounding. Considerate che riguardo alla dimensione delle esportazioni ormai noi italiani esportiamo più vino di quello che beviamo ogni anno, e questo ci deve far comprendere tanto il valore di questo settore quanto la sua importanza negli anni a venire.

L'agricoltura tuttavia, nonostante questo dato confortante, manifesta ancora ad oggi delle caratteristiche distintive quali il ridotto inserimento occupazionale ed imprenditoriale dei giovani e l'accesso al credito per l'avvio di nuove attività. Vedremo se nei prossimi mesi i programmi di vendita ed alienazione del patrimonio fondiario da parte del governo italiano, il quale è detentore di oltre un milione di ettari, potrà consentire a giovani disoccupati italiani di poter diventare contadini del nuovo millennio.

Gran parte delle criticità di questo settore infatti sono legate alle dimensioni medie richieste per poter condurre un'impresa agricola in misura efficiente e redditizia. La media europea ci dice che un imprenditore agricolo francese, tedesco o spagnolo può contare su una disponibilità di almeno 50 ettari, contro una media italiana di appena 10. Questo rappresenta un problema strutturale che rende difficile l'ingresso su questo tipo di settore a nuovi e potenziali giovani agricoltori in Italia a fronte degli ingenti investimenti in immobilizzazioni materiali, quali il terreno e le attrezzature per la sua conduzione. Ulteriormente alle dimensioni medie necessarie per l'avvio di una qualsiasi attività in questo settore è doveroso ricordare purtroppo lo strapotere contrattuale della grande distribuzione organizzata (GDO) che determina tanto la redditività d'impresa quanto la sopravvivenza sul mercato.

Per questo motivo alla fine del libro, all'interno del Manifesto Economico per l'Italia nella Sezione Agricoltura, troverete citato e sviluppato la necessità di istituire un'authority per il controllo dei prezzi delle derrate alimentari in Italia, che si dovrebbe interporre in mezzo alla filiera, quindi tra grandi distributori e piccoli agricoltori, consentendo soprattutto a questi ultimi una redistribuzione del valore aggiunto, ridimensionando il prezzo dei prodotti agroalimentari anche a vantaggio dello stesso consumatore.

Le criticità del settore generano ovviamente delle conseguenze che impattano anche sull'intera economia nazionale, il fenomeno deleterio più noto è denominato Italian Sounding. Con questo termine si suole identificare il volume d'affari generato da prodotti agroalimentari che richiamano sul piano lessicale o sul piano meramente visivo all'Italia e alle sue tipicità, tuttavia non avendo alcun legame né con le produzioni italiane né tantomeno con la qualità italiana del rispettivo settore, consentendo in questo modo a distributori esteri di poter assorbire una parte del volume d'affari italiano a scapito dei produttori italiani DOC.

Il fenomeno dell'Italian Sounding si stima sottragga al nostro Paese un fatturato di oltre 60 miliardi: tanto per citare alcuni casi noti ai media nazionali, il tanto pubblicizzato Parmesan venduto negli Stati Uniti al posto del Parmigiano Reggiano o recentemente, come mi è capitato di notare in alcuni supermercati dell'Est Europa, il Prisecco al posto del Prosecco. A fianco all'Italian

Sounding possiamo porre anche il fenomeno dell'agro-pirateria, ovvero il business dei finti prodotti alimentari spacciati per tipicità e provenienza dalle organizzazioni criminali che si stima produca un flusso di proventi superiori ai 20 miliardi.

L'assenza in Italia di authority potenti e severe che siano in grado di contrastare tali frodi rappresenta un sogno per l'intera categoria, ad oggi i controlli troppo blandi con sanzioni molto spesso ridicole rapportate al danno diretto ed indiretto cagionato all'economia ed all'immagine del Paese vengono demandate agli organi della magistratura ordinaria o alle forze dell'ordine, queste ultime limitate negli strumenti di accertamento e nelle sanzioni irrogate.

Quanto sopra rappresentato fa comprendere come in Italia manchi decisamente una regia nazionale per l'intero settore, purtroppo eccessivamente frammentato sul piano sindacale, che non consente in tal modo di unire le forze e manifestare con enfasi le proprie esigenze ed aspettative: citiamo tanto per elencare alcune organizzazioni di categoria che difendono o che provano a difendere gli operatori del settore, Confagricoltura, Coldiretti, Confederazione italiana degli Agricoltori, Unione Coltivatori, Federconsorzi, ognuno in competizione con l'altro con l'incapacità di convergere in una singola direzione.

Per questo motivo in Italia vi è quanto prima la necessità di un nuovo soggetto istituzionale in grado di preservare, proteggere e rafforzare tutto l'intero settore. Il titolo dato a questo capitolo vuol rappresentare una provocazione, facendo comprendere quanto sia di vitale importanza la nomina di un uomo forte in questo settore in grado di fare pressing sul governo per il raggiungimento di riforme sostanziali su un settore economico che tutto il mondo ci invidia.

Per questo motivo le aziende agroalimentari con certificati di eccellenza sono oggetto di take over da parte di grandi imprese alimentari straniere che vogliono accaparrarsi quello che nessun Paese al mondo è in grado di clonare o replicare. Citiamo alcuni acquisti di grido che sono stati effettuati in questi ultimi anni: Carapelli, Scotti, Buitoni, Perugina, Bertolli, Parmalat, Galbani, Eridania, Peroni, tutte aziende italiane con marchio e prestigio di rilevanza mondiale.

In questi termini se entro i prossimi tre anni non verrà formulato un piano strategico di rafforzamento e rilancio del settore agricolo in Italia che consenta anche l'accesso a tale mercato a giovani italiani desiderosi di intraprendere il mestiere più nobile in assoluto al mondo, quello della conduzione e preservazione della terra, allora tanto vale lasciare che le nostre imprese siano acquistate da controparti estere, le quali ci hanno già dimostrato non solo di proteggere il prodotto italiano all'estero ma anche di valorizzarlo e farlo conoscere molto più degli stessi italiani.

9. RIMINI RIMINI 30 ANNI DOPO

Avete mai visto il film "The Full Monty" che è stato anche Premio Oscar come Miglior Film Straniero nel 1998? Vi ricordate come iniziava? Un documentario di propaganda televisiva riprendeva la città di Sheffield nel South Yorkshire dell'Inghilterra agli inizi degli anni Sessanta esaltando il benessere economico di quest'area metropolitana, benessere che scaturiva dalla produzione di acciaio e dal settore automobilistico. Veniva messo in evidenza come Sheffield rappresentasse uno dei pistoni che alimentava il motore economico dell'Inghilterra ed al contempo uno dei motivi di orgoglio del benessere economico di quel periodo.

Il cine-documentario ad un certo punto andava in dissolvenza e riportava lo spettatore ai giorni in cui era stato girato il film, alla fine degli anni Novanta, evidenziando come Sheffield fosse caduta in disgrazia a seguito della deindustrializzazione che nel frattempo aveva colpito quasi tutto il Regno Unito. Sheffield diventa una città economicamente depressa con una elevata disoccupazione e su questo quadretto inizia ad ambientarsi l'irriverente commedia inglese.

Ora per stare sempre in tema cinematografico, avete visto il film prodotto nel 2002 da Luciano Ligabue "Da zero a dieci" in cui una compagnia di amici di vecchia data si ritrovano a trascorrere una breve vacanza a Rimini per rimembrare le gesta di una vacanza goliardica trascorsa vent'anni prima?

Durante il film questa missione viene osannata con un tono quasi solenne, della serie stiamo andando a Rimini perchè è il posto più figo che esiste per una vacanza da urlo. Quando avevo dieci anni sono stato in vacanza con i miei genitori - come si usava un tempo - proprio a Rimini, era il 1983. A quell'epoca era la capitale del turismo mondiale. Da tutto il mondo si sognava di venire in estate in vacanza a Rimini per la movida notturna, la cucina ed il lifestyle italiano. Miami, Sharm el Sheik o Ibiza erano ancora in stato embrionale, rispetto ad ora.

Pensate solo che nel momento di massimo splendore, Rimini era la località turistica con la maggiore capacità ricettiva del mondo. Un litorale che pulsava di giorno e di notte per far divertire e rilassare milioni di persone da tutto il mondo. Nel frattempo sono passati trent'anni da quell'estate. Proprio come Sheffield anche Rimini è caduta in disgrazia. Di tipico romagnolo c'è rimasto ancora poco. Listini delle camere d'albergo e menù nei ristoranti sono scritti principalmente in cirillico come prima lingua. Alle volte compare anche la scritta in lingua italiana.

Fare una passeggiata nel lungomare in zona Viale Regina Margherita è piuttosto deprimente durante il giorno: negozi ed esercizi commerciali generalmente sono gestiti da indiani, pakistani, iraniani, ucraini e bielorussi. Espongono quasi tutti la stessa inutile merce (made nell'altra parte del mondo) a prezzi da Etiopia o Bangladesh.

La sera è decisamente peggio: prostitute e adescatrici dell'Est Europa ti fermano di continuo o provano ad attirare la tua attenzione mentre stai guidando con espedienti degni di un film per adulti. Non è uno spettacolo decoroso per chi ha figli in tenera età. C'è un numero impressionante di auto di grossa cilindrata con targa rumena, solitamente sono i protettori di queste prostitute che monitorano e presidiano il territorio.

Durante il giorno negli incroci con semafori in prossimità degli snodi stradali principali vi sono immi-non-grati, diversamente bianchi, che con vestititi di marca e scarpe sportive alla moda chiedono e pretendono di lavarti il parabrezza per più di qualche euro. La buona cucina romagnola te la puoi scordare. La maggior parte dei chioschi e dei take away vendono tranci di pizza immangiabile o kebab multi etnici in cui se decidi di fermarti a mangiare qualcosa sarebbe di buon senso dare l'allerta all'ospedale in modo che si tengano pronti per una possibile lavanda gastrica.

La maggior parte degli alberghi fa pena, tranne quei pochi che si sono riqualificati in questi ultimi anni, la gestione solitamente è affidata a personale dell'Est Europa che con la Romagna non penso abbiano molto legame. Le camere se sei fortunato hanno la tv a schermo piatto, altrimenti ti ritrovi con un vecchio valvolone sintonizzato su cinque canali sfigati con il telecomando che funziona ad intermittenza.

Nelle docce, se non sono state ben pulite o disinfettate, è facile prendersi qualche fungo o anche peggio. I letti solitamente hanno i materassi semi-sfondati con le molle che ti parlano durante il sonno quando ti giri per cercare di trovare una posizione più comoda per dormire.

Gli hotel fanno la gara al ribasso sul prezzo delle camere, 20 euro con prima colazione, che in molti casi diventa anche l'ultima dopo che l'hai provata almeno una volta. Questa è Rimini Rimini 30 anni dopo. In comune con la capitale del turismo degli anni Ottanta c'è rimasto veramente poco. Se ci sono delle colpe e ce ne sono sicuramente, allora non guardate tanto lontano.

10. VISIONI DAL FUTURO

Se sei nato agli inizi degli anni Settanta, hai vissuto l'infanzia pensando che il tuo futuro da adulto sarebbe stato molto simile a quello che rappresentava allora la pubblicità del Mulino Bianco, un ampio e soleggiato casolare bianco attorniato di verdi alberi maestosi in prossimità di un ruscello rigoglioso e pescoso. La tua famiglia sarebbe stata composta da una bellissima e premurosa giovane donna italiana dai lineamenti mediterranei assieme a due figli educati e simpatici.
Questo era quello che si aspettava un bambino dal futuro che lo attendeva alla fine degli anni Settanta. Sono passati più di trent'anni da allora e più di qualcosa è cambiata, a cominciare proprio dalla pubblicità del Mulino Bianco, che ormai tranne nel logo degli spot pubblicitari non si vede più e né tanto meno l'allegra e spensierata famiglia italiana. Adesso è rimasto un povero e divorziato Antonio Banderas che parla da solo in cucina davanti al forno in compagnia di una povera gallina farlocca.
Siamo ormai talmente tutti assorbiti da questa crisi infinita che il nostro pensiero proiettato al futuro non va oltre alle prossime elezioni politiche o alla prossima rilevazione trimestrale del PIL. Eppure in un mondo che sta vivendo con enfasi la terza rivoluzione industriale, prima la macchina a vapore, dopo il personal computer e ora il world wide web con tutte le sue applicazioni, sarebbe edificante per molti quarantenni fermarsi un attimo per provare a proiettarsi in avanti di altri trent'anni per idealizzare il mondo che verrà.
Ammettiamo per assunto che non si verificheranno epidemie e carestie di portata mondiale, che 2050 ci

aspetta allora? Di sicuro la famiglia intesa come unione e percorso di vita in comune tra una donna ed un uomo rappresenterà un'istituzione sociale medioevale che forse potremmo ammirare con stupore all'interno di qualche comunità indipendente o riserva protetta da qualche organismo internazionale.

Entro il 2050 oltre l'80% della popolazione umana, quasi 9 miliardi, vivrà all'interno di grandi aree metropolitane ad alta densità urbana e grazie alla diffusione di massa dei dispositivi mobili di interazione virtuale le priorità di vita e di relazione sociale di ogni individuo muteranno velocemente e profondamente. Avete visto quanto vi hanno cambiato i social networks combinati agli smartphone, aspettate di vedere l'arrivo in massa e le sue conseguenze (devastanti) dei Google Glass.

Tanto per dare un elemento di riflessione: dieci anni fa la prima causa di divorzio era la suocera, adesso è Facebook. La continua e voluta distruzione della separazione dei due sessi, tanto dai media tradizionali quanto da un establishment radical-chic, contribuirà ad accelerare il processo di metamorfosi della società umana: nei prossimi trent'anni si stima che meno del 40% della popolazione mondiale sarà eterosessuale.

I continui miglioramenti in campo medicale porteranno ad ulteriori allungamenti della speranza di vita: il concetto di vecchiaia così come lo conosciamo oggi inteso come anticamera della morte e condizione fisica dalle potenzialità decisamente ridotte rappresenterà un passato che non ci apparterrà più.

Si faranno debiti, leasing e mutui per potersi permettere non solo l'allungamento della propria esistenza, ma anche la continuazione di un certo stile di vita, facendosi montare ad esempio il femore bionico o nuovi organi vitali di sintesi, che consentiranno un ringiovanimento complessivo. Non mi dilungo sulle implicazioni e migliorie apportate a sfondo sessuale. Il concetto di moglie o marito inteso come compagna/compagno per tutta la vita sino a che morte non ci separi verrà superato prima di quello che si possa credere.

Già tra quindici anni saranno disponibili i primi partner cibernetici tanto per l'uomo quanto per la donna in grado di interagire perfettamente con gli esseri umani, non invidiando quasi niente a questi ultimi. Il recente film "Her" con Joaquine Phoenix non è fantascienza, ma solo un occhiatina al futuro che verrà. I figli non rappresenteranno più una priorità o un obiettivo di vita, anzi saranno sempre più considerati o un elemento di peso per il proprio stile di vita o un regalo da farsi per suggellare e cementare un rapporto di convivenza non eterosessuale.

Dopo il 2040 inizierà a manifestarsi la discesa del momentum demografico nella popolazione umana, soprattutto ad opera dei paesi asiatici che stanno già invecchiando più velocemente di quelli europei e statunitensi. La promiscuità e confusione sessuale tanto invocata ed esaltata nei decenni precedenti avrà contribuito a produrre gli effetti desiderati ed aspettati ovvero il disinnesco della bomba demografica, grazie a condizioni sociali e stili di vita per cui nessuno vorrà più avere figli.

Il concepimento di nuove nascite, per il mantenimento della popolazione, a quel punto (forse dopo il 2050) dovrebbe essere pianificato ed implementato da una qualche sorta di authority sovranazionale attingendo da un ovocita ed uno spermatozoo presso le varie banche del seme mondiali. Allora, forse qualcuno si ricorderà di aver già sentito parlare di Genitore 1 e Genitore 2 anche in un lontano passato.

11. IL FUTURO DEL LAVORO

Molte mamme mi chiedono a che università e quale facoltà devono iscrivere i loro figli nella speranza che quel percorso di studi contribuisca a fargli ottenere un inserimento occupazionale sicuro e ben remunerato. Se avete visto "Il Padrino Parte III" immagino ricorderete una delle scene epiche della pellicola statunitense in cui Anthony, il figlio di Michael Corleone, chiede al padre di sostenerlo nella scelta di intraprendere la professione di cantante d'opera. Michael Corleone (Il Padrino) gli risponde dicendo prima di conseguire una laurea in legge che rappresenta una garanzia per la sua vita futura e successivamente, al conseguimento della laurea, di intraprendere la carriera di tenore.

In Italia oggi la peggior laurea che potete far conseguire ai vostri figli, peggiore nel senso di inutile, è un corso di laurea in giurisprudenza, cui si possono affiancare anche lauree in psicologia, in letteratura, in lingue straniere, in scienze sociali, in scienze della comunicazione, in scienze politiche, in filosofia ed infine in sociologia. Le lauree umanistiche sono inutili per il mondo che verrà, in quanto mancheranno di fatto sbocchi occupazionali concreti e soprattutto in grado di remunerare decorosamente la fatica, l'impegno profuso durante il percorso di formazione professionale.

L'Italia è un Paese pieno di lauree inutili, di lauree dal nome bizzarro e stravagante, predisposte più con l'intento di attirare finanziamenti che con la volontà di creare una proposta formativa in grado di produrre sbocchi occupazionali. Ricordiamo per la cronaca alcuni corsi di laurea che hanno fatto molto parlare di sé e che sono stati successivamente soppressi: Scienze dell'igiene e del benessere del cane e del gatto, Scienza e tecnologia del packaging, Scienze del fiore e del verde, Scienze del lavoro, Scienze criminologiche, Scienze per la pace e per chiudere Scienze della felicità.

Prima di soffermarci sulle facoltà e percorsi di laurea che invece potrebbero dare soddisfazione occupazionale, a fronte del cambiamento ed evoluzione economica che stiamo vivendo, facciamo un focus di poche righe sull'istruzione universitaria italiana e le sue principali criticità. Partiamo innanzitutto con il ricordare quanto accaduto circa 15 anni fa, quando le lauree a vecchio ordinamento sono state sostituite dalla formula innovativa (si fa per dire) 3+2, in cui ad una formazione propedeutica di base veniva poi conseguito a richiesta un biennio di specializzazione.

La finalità di questa riforma trovava effettivamente fondamento sullo scenario che contraddistingueva il mondo universitario italiano, ad inizio del 2000 si laureavano 10 studenti su 100, un quarto dei quali era sistematicamente fuori corso con anche 5/6 anni di ritardo rispetto al percorso di laurea, arrivando pertanto ad entrare nel mercato del lavoro in tardiva età, 28/30.

La riforma che ha istituito le lauree brevi ha consentito di raddoppiare il numero di studenti che giungono alla laurea, oltre 20 su 100, abbassando al contempo l'età media di laurea, 24/25 anni, quindi di fatto recuperando cinque anni rispetto alla media del vecchio ordinamento.

Purtroppo nonostante questi numeri, la laurea breve si è dimostrata un esperimento piuttosto fallimentare, in quanto si è trasformata come molti sostenevano in una laurea di serie B che molto spesso non viene nemmeno accettata come tale, ricordiamo a tal fine come molti ordini professionali non la riconoscano per l'accesso al periodo di tirocinio. Il periodo di studi e formazione del triennio è diventato pertanto una sorta di campo base, un periodo di formazione che per sprigionare opportunità occupazionali necessita del suo proseguo con il biennio di specializzazione che spesso produce un allungamento del percorso di laurea rapportandolo all'estensione temporale che produceva la laurea a vecchio ordinamento.

E' il mercato del lavoro che in definitiva emette un giudizio ed un responso sulla validità della laurea triennale: ricordiamo la composizione percentuale del recruiting nel mondo del lavoro, circa un 25% hanno come unico titolo di studio la licenza media, un 10% ha una formazione professionale, un 50% rappresentano diplomati ed infine un 15% laureati. Purtroppo le numerose tipologie di laureato che ha prodotto la riforma universitaria rende difficile la valutazione dei candidati per gli attori del recruiting, a cominciare dalle agenzie interinali arrivando fino ai grandi head hunter.

Oggi le aziende vogliono personale laureato ma con attestazioni di competenza (professional skills), pretendono una specializzazione operativa in quanto rispetto al passato non sono più disposti a sostenere spese di formazione per il laureato generico, cosa che invece avveniva con il vecchio ordinamento che sfornava risorse umane dall'approfondita formazione teorica ma tuttavia priva di risvolti operativi. I laureati di oggi devono essere pronti per l'inserimento in azienda o nel mercato del lavoro, in grado di sapersi interfacciare subito con tanto i processi di produzione quanto gli strumenti di marketing del mondo virtuale.

Le facoltà ed i percorsi di laurea, in contrapposizione a quelli che abbiamo visto ad inizio capitolo, che possono creare soddisfazione soprattutto per la capacità di generare un rapido inserimento occupazionale sono le facoltà di medicina, di ingegneria e di statistica. Questa constatazione scaturisce dall'individuazione dei tre grandi temi strategici che domineranno le economie avanzate nei prossimi 15-25 anni: il cosiddetto web 3.0, ovvero le nuove tecnologie digitali e tutte le web based applications che ci consentono di considerare la new economy come il mercato dominante di riferimento per gli anni a venire.

Elenchiamo alcune attività economiche che saranno e sono già generatori di occupazione qualificata come il clouding, il 3D printing, il near field communication e l'e-commerce, senza dimenticare le varie interazioni con i servizi online delle pubbliche amministrazioni. Un ulteriore tema strategico che genererà posti di lavoro tanto nella old economy quanto nella new economy è dato dall'assistenza sanitaria di nuova generazione, quest'ultima destinata a produrre uno straordinario riverbero sul mercato del lavoro a seguito dell'aumento della speranza di vita che avranno le persone, producendo quindi tanto nuovi bisogni vitali come nuove professioni in grado di soddisfarli.

Infine il terzo tema strategico dato dalla sostenibilità ambientale e tutte le sue possibili applicazioni, a cominciare dalla gestione delle risorse rinnovabili, come avremo modo tra poco di approfondire. I cambiamenti tecnologici che sono in questo momento in atto produrranno conseguenze pertanto devastanti in moltissimi settori ed in moltissimi ambiti occupazionali, tanto che già oggi possiamo dare per assodato come circa il 50% dei mestieri attuali siano obsoleti.

Ad esempio, gli operai tra due decenni non esisteranno più in quanto saranno sostituiti da androidi e strumentazioni robotiche, facendo emergere un nuovo assetto e nuovi scenari per il mercato del lavoro. I parametri sui quali verranno effettuati in futuro le attività di recruting saranno basati su due pilastri indissolubili, la ripetitività o la creatività della mansione o del posto di lavoro.

Questo significa che nel futuro che ci attende o sarete 1 o sarete 0, quindi o avrete capacità manageriali, genialità e creatività e pertanto queste caratteristiche personali vi consentiranno di emergere professionalmente, o sarete schiacciati verso il basso a compiere mestieri e mansioni a valenza ripetitiva con un tenore reddituale da nuovi schiavi moderni. Non penserete che tra 20 anni esisteranno ancora lavori come quello di cassiere di banca, di agente di viaggi, di libraio, di negoziante di prodotti di ottica, di badante, di mediatore creditizio o di camionista.

Tutte queste occupazioni verranno spazzate via. Tanto per fare alcuni esempi, le badanti verranno sostituite da robot destinati ad assisterci a tempo pieno, capaci di alzarci dal letto e coricarci, prepararci i pasti, ricordarci e somministrarci le medicine sino addirittura a interventi di pronto soccorso in teleconferenza. Il tassista non esisterà più in quanto avremo automobili perfettamente in grado di guidarsi da sole grazie al controllo satellitare di ultima generazione e l'interazione con le reti di wi-fi, pertanto entreremo dentro un taxi e con la nostra carta di credito contactless daremo istruzioni sulla destinazione e l'autovettura provvederà a condurci. Delle librerie ne ho già fatto menzione all'interno della prefazione, faranno la fine dei negozi di dischi. Delle agenzie di viaggio non ne parlo, oggi rappresentano un attore di mercato assolutamente inefficiente ed inefficace, non penso che esista più nessuno se non persone molto anziane che si rivolgono ancora ad un'agenzia di viaggi per prenotare un aereo o un albergo in una determinata città.

Personalmente sono anni ormai che compro addirittura il mio abbigliamento online attraverso degli outlet in cui una volta selezionato la taglia, il colore ed il modello del capo di abbigliamento, quest'ultimo viene recapitato a casa nella massima comodità e soprattutto con il vantaggio eventualmente di poterlo restituire qualora non sia di gradimento o la taglia risultasse errata. Lo stesso vale per gli occhiali da vista che indosso e con cui molti di voi mi conoscono: sono occhiali acquistati attraverso negozi di ottica online prodotti in tempo reale grazie alla tecnologia del 3D printing che mi vengono recapitati a casa nel giro di qualche giorno con un corriere espresso, dopo che ho avuto la possibilità di provarli online attraverso un'applicazione web in cui con il drag and drop provo e testo la montatura virtualmente sul mio viso.

Quello che tanti di voi non sanno è che questo paio di occhiali con montatura frame-less anziché costare 300-400 euro presso un tradizionale negozio di ottica, li pago 40-50 euro con spedizione a domicilio compresa. Immaginate pertanto quante altre professioni e mestieri scompariranno nei prossimi anni a causa o grazie alla trasformazione soprattutto degli apparati logistici che caratterizzeranno le aziende retail, che potranno beneficiare di tecnologie di produzione istantanea come il 3D printing. Ad inizio degli anni 2000 ho insegnato in una università privata in Veneto e già allora mi resi conto di quanto il percorso di laurea che avevo intrapreso negli anni precedenti lo potevo considerare assolutamente obsoleto a fronte delle percezioni e delle potenzialità che già si intravedevano con l'ascesa del world wide web.

Dovete mettervi in testa che il vostro datore di lavoro è il mercato e non un'azienda, una corporation o qualche ente governativo che vi deve mantenere a vita, smettete di cercare un posto di lavoro e impegnatevi piuttosto ad imparare una professione che vi consenta nel futuro anche di potervi delocalizzare con grande facilità di Paese in Paese, spostando il vostro bagaglio culturale e la vostra competenza professionale in base alle esigenze e alle richieste che avrà il mercato del lavoro.

Vediamo ora quali saranno con grande presunzione alcune professioni e mestieri molto richiesti nei prossimi due decenni a fronte di quello che abbiamo descritto ed analizzato ad inizio capitolo, in particolar modo riferendomi ai tre grandi temi strategici che contraddistingueranno l'economia dei Paesi avanzati. Partiamo con l'ambito sanitario e medicale, il quale è quello che genererà maggiori opportunità in assoluto proprio a causa del mutamento della composizione della popolazione che avranno i Paesi sviluppati.

Citiamo tanto per dare dei riferimenti pratici alcune professioni che presto sentiremo come quella del tele-chirurgo, ovvero un chirurgo specializzato in operazioni di microchirurgia a distanza grazie alle tecnologie di telecontrollo di cui potremo beneficiare. Tecnici robotici, ovvero consulenti in grado di gestire e prestare assistenza ad un "care taker robot" ovvero una badante dalle sembianze umanoidi proprio come ci aveva in tempi non sospetti fatto vedere il grande Alberto Sordi nel cult movie Caterina.

Terapisti di fine vita, l'allungamento della speranza di vita genererà delle esigenze che già oggi molti richiedono, ovvero come dovrà spegnersi il nostro organismo o quali saranno le metodiche attraverso il quale ci avvicineremo al momento della nostra morte biologica. I medical manager che saranno gestori di strutture ricettive di ultima generazione predisposte per consentire alle persone della terza età di godersi la penultima parte della propria vita in strutture alberghiere in grado di offrire loro non solo il soggiorno e la permanenza, ma anche attività di entertainment che saranno sempre più richieste e ricercate.

Infine non dimentichiamo il travel doctor o il "trip health advisor" vale a dire dei medici indipendenti che si metteranno a disposizione di persone di una determinata età che desidereranno effettuare viaggi particolarmente esotici o di lungo raggio e vorranno avere al loro fianco costantemente un medico di propria fiducia in grado di interfacciarsi tanto con la lingua straniera quanto con le strutture sanitarie del Paese o delle aree geografiche in cui il viaggio sarà organizzato. Il mondo del web 3.0 è appena agli inizi: con questo termine improprio si suole individuare lo sviluppo del world wide web grazie ai contributi che hanno dato imprenditori del calibro di Zuckerberg, Jobs o Bezos, i quali hanno letteralmente cambiato le nostre vite, pensiamo solo ai social network ed all'utilizzo degli smart phone che facciamo quotidianamente.

Pensate a tal fine che entro dieci anni persino il frigorifero della vostra abitazione sarà in grado di dialogare direttamente con il supermercato ed effettuare gli ordini dei prodotti in scadenza o terminati, i quali vi saranno recapitati a casa ad un orario predeterminato senza che voi più siate obbligati a perdere tempo per andare ad effettuare la spesa al supermercato. Per questo motivo è stata indicata la facoltà di statistica come una delle facoltà, con tutti i suoi corsi di specializzazione, in grado di consentire un livello occupazionale di rilievo in quanto la necessità di analizzare ed elaborare dati complessi in tempo reale con la gestione di tutti questi flussi di calcolo produrrà la necessità di numerose figure professionali. Il web 3.0 da questo punto di vista necessita già oggi di sviluppatori di software, di gestori di nuvole, vale a dire i nuovi sistemi di archiviazione in remoto, di SEO manager, di brand reputation manager, di e-commerce manager per non dimenticare anche gli online teacher ovvero docenti in grado di insegnare a distanza grazie ai servizi di video e teleconferenza tanto per le scuole quanto per i soggetti privati.

La necessità di gestire il momentum demografico del pianeta, che nei prossimi anni produrrà un aumento della popolazione mondiale per 1,7 miliardi di persone, renderà la sostenibilità del pianeta la principale sfida del prossimo decennio, tanto dei governi quanto delle grandi corporation. Per questo motivo verranno richieste professioni e mestieri come il designer del riciclaggio o l'ingegnere delle costruzioni di nuova generazione (basta con il cemento), tecnici di gestione di soluzioni di risparmio energetico avanzato e progettisti di soluzioni di risparmio energetico, come potete comprendere tutte professioni spiccatamente tecniche che solo una formazione a valenza ingegneristica è in grado di farvi ottenere.

Lasciatemi anche spendere qualche nota di conforto per il mio stesso settore, vale a dire quello della finanza e degli investimenti, in quanto la necessità di vivere bene con un orizzonte temporale notevolmente allungato rispetto al passato spingerà i risparmiatori a ricercare soluzioni di rendita finanziaria in grado di preservare nel tempo il capitale e remunerarlo periodicamente: questa è una constatazione che nasce anche affiancando le problematiche che avranno gli Stati nel gestire la previdenza pubblica a fronte del mutamento della composizione demografica della popolazione.

Termino questo capitolo con una mia personale convinzione, dettata da questi ultimi dieci anni di operosità nel mondo finanziario e dal feedback ricevuto da tantissimi studenti e laureandi che si trovano subito in difficoltà non appena terminano il loro percorso di studi: non è detto che la soluzione ai vostri problemi di occupazione nel futuro possa scaturire da una formazione scolastica ed universitaria tradizionale o convenzionale, anzi è molto probabile che percorsi di auto-formazione ed auto-apprendimento possano essere in grado di darvi molta più soddisfazione.

La laurea, sia essa anche in materie umanistiche, potrà sempre rappresentare un traguardo da perseguire più per prestigio personale e ricchezza culturale piuttosto che per mera formazione necessaria per l'ingresso sul mercato del lavoro.

12. MOLLO TUTTO E VADO ALL'ESTERO

In Italia si sta verificando ormai da oltre tre anni un'autentica diaspora che coinvolge pensionati, imprenditori e giovani ragazzi del nostro Paese. Ne so qualcosa di questa tematica avendo io stesso deciso oltre dieci anni fa di intraprendere un percorso di crescita professionale in un altro paese dell'Unione Europea, ritenendo come per l'Italia non vi fossero grandi opportunità negli anni a venire e soprattutto di come presto avremmo assistito ad un nuovo 1929.

Era il 2004, successivamente, due anni dopo, nel 2006, decisi di dar voce e scrittura a questi miei pensieri e preoccupazioni pubblicando il mio primo pamphlet, "Duri e puri, aspettando un nuovo 1929". Proviamo a fare un focus su questo fenomeno che è caratterizzato da una dimensione progressivamente in crescita, questo soprattutto per l'oggettiva incertezza che delinea ormai vivere, lavorare e fare impresa in Italia.

Riportiamo alcuni dati che ci confermano la presenza di una consistente quota della popolazione italiana all'estero, nello specifico stando alle iscrizioni dell'Anagrafe Italiana dei Residenti all'Estero, vi sono oltre 4,3 milioni di nostri connazionali, rappresentativi del 7% della popolazione, che vivono in altri Paesi. Circa il 55% di essi ha scelto l'Europa continentale, quindi un Paese geograficamente non molto distante dall'Italia, un 40% ha preferito le Americhe, tanto il Nord quanto il Sud, ed infine il rimanente 5% nel resto del mondo.

E' significativo conoscere come circa il 10% della popolazione degli italiani residenti all'estero siano pensionati, stiamo parlando di oltre 470 mila persone che hanno un'età superiore ai 60 anni. Le più grandi comunità di italiani all'estero le potete trovare rispettivamente in Argentina, Germania e Svizzera, mentre le regioni che hanno prodotto il maggior numero di emigrati sono le regioni meridionali, con in testa la Sicilia seguita a ruota da Campania e Calabria.

Per quale motivo si decide di mollare tutto, di abbandonare la terra madre, il Paese in cui si è nati, si è vissuto e lavorato per decenni? Quale luce verde fa scattare il desiderio di trasferirsi per sempre in un altro Paese? Le motivazioni sono grosso modo riconducibili al declino che caratterizza il nostro Paese in senso globale: chi parte e abbandona l'Italia è ormai consapevole di come questa nazione non rappresenti più per antonomasia il Bel Paese, con una classe politica allo sbando, un'economia decadente priva di leadership, una tassazione vessatoria ormai fuori controllo e una burocrazia insopportabile.

A fianco di questi argomenti che tutti quanto noi condividiamo si è andato ad aggiungere anche la percezione di un futuro sempre più cupo, il degrado culturale ed una disonestà ormai dilagante in tutti i settori vitali del Paese. Chi sono gli italiani che decidono di abbandonare il Titanic Italia?

Li possiamo dividere in tre grandi categorie, prima fra tutti quella dei pensionati, persone anziane che devono scontrarsi con un costo della vita costantemente in crescita, con una perdita di potere d'acquisto e la consapevolezza che abbandonare il Paese per andare a vivere in località più accoglienti sia dal punto di vista climatico che dal punto di vista economico rappresenta ormai una scelta obbligata, l'unica soluzione per sopravvivere ed evitare di morire in povertà.

Le mete prescelte in questo caso individuano un insieme di Paesi che hanno caratteristiche fra loro similari: condizioni climatiche molto attraenti, convenienza economica data dal basso costo della vita e presenza di altre comunità di italiani pensionati. Ricordiamo inoltre che vi sono numerosi Paesi che hanno iniziato il cosiddetto retirement marketing, ovvero la propaganda nei confronti dei pensionati di tutto il mondo, in particolar modo nei confronti di quelli delle economie avanzate, per attirarli da loro attraverso benefici ed incentivi. Tra questi troviamo Spagna, Grecia e Malta per rimanere in Unione Europea, mentre fuori dai confini comunitari hanno iniziato a diventare molto competitive le offerte anche di Tunisia, Costa Rica, Repubblica Dominicana e Thailandia.

Considerate che presi nella loro generalità questi Paesi consentono di acquistare un'abitazione di medie dimensioni, sia essa appartamento o casa indipendente, con un importo di spesa tutto sommato molto modesto se rapportato ai prezzi medi italiani, dai 50 ai 70 mila euro, con il beneficio indotto che scaturisce dall'assenza di oneri per il riscaldamento dell'abitazione durante il periodo invernale. In questi ultimi cinque anni sono diventati anche molto interessanti per pensionati con rendite modeste, tra i 700 e i 1000 euro al mese, anche Kenya, Ecuador e Bulgaria, che espongono tuttavia il pensionato ad altre criticità, non di certo economiche.

La seconda categoria di italiani che emigrano è rappresentata dagli imprenditori nel senso lato del termine, sono tanto professionisti quanto rappresentanti di piccole e medie imprese che decidono di delocalizzare la propria attività trascinandosi la famiglia ed i figli con un unico mantra mentale, "ovunque, ma via dall'Italia". Questi soggetti prediligono Paesi invece che offrono il cosiddetto marketing fiscale, ovvero una serie di incentivi soprattutto fiscali molto invitanti per spingere l'imprenditore italiano a chiudere la propria attività e trasferirla fisicamente nel nuovo Paese in questione. Abbiamo da questo punto di vista numerosi esempi di

Paesi che si rendono disponibili per attrarre imprenditori ed investitori, si va dall'Austria al Marocco, dalla Serbia alla Turchia, dal Brasile all'Irlanda, dalla Polonia agli Emirati Arabi Uniti (soprattutto Dubai) e così via discorrendo, Paesi che si occupano di organizzare degli autentici road show all'interno del nostro territorio italiano, solitamente presso associazioni di professionisti o invitando gli imprenditori a partecipare a presentazioni sulle potenzialità offerte dal tal Paese in questione.

Infine diamo uno sguardo sulla consistenza e composizione della terza categoria di italiani che decidono di abbandonare l'Italia, che è composta da giovani laureati e giovani coppie appena sposate le quali percepiscono un consistente ridimensionamento della qualità e dello stile di vita, si rendono conto della contrazione del mercato del lavoro e delle sue conseguenti minori opportunità occupazionali e magari hanno una prole molto giovane che consente loro di scegliere di abbandonare il Paese senza per questo generare un trauma adolescenziale ai propri figli.

Le mete ed i Paesi che hanno la preferenza o vengono molto gettonati da questo punto di vista possono essere riconducibili alle tre cugine inglesi, ovvero Australia, Stati Uniti ed infine Regno Unito, considerate le tre mete in grado di proporre le maggiori opportunità per l'inserimento occupazionale ma soprattutto anche per la propria crescita professionale e di relazione sociale per la propria famiglia. In questi ultimi cinque anni hanno iniziato a manifestare particolare attrazione anche alcuni Paesi americani e del Sud Est Asiatico come Colombia, Qatar, Vietnam e Canada per la crescita ed il riverbero economico che li stanno caratterizzando.

Mollare tutto per trasferirsi in un altro Paese presuppone anche delle criticità, e come cita simpaticamente il detto inglese "life is not always strawberries and cream" (la vita non è sempre panna e fragole), non è detto che abbandonando un inferno come l'Italia si approdi magicamente in un qualche paradiso. Infatti una delle principali criticità che mediamente gli italiani, soprattutto di età adulta, incontrano è quella legata alla lingua. Una modesta o assente conoscenza della lingua del Paese in cui si desidera trasferirsi può generare fenomeni di discriminazione o difficoltà di inserimento sociale. In aggiunta a questo, ulteriori elementi di criticità sono imputabili alla conflittualità e diversità culturale, soprattutto nei confronti di Paesi africani, come Tunisia, Marocco e Kenya o ai fenomeni di microcriminalità praticamente diffusi ovunque in Paesi molto attraenti sul piano climatico come quelli del Centro e Sud America.

Infine per tutti, tranne per i Paesi europei, permane un grande punto di domanda, quello legato all'assistenza sanitaria. L'italiano medio è abituato ad essere coperto a 360 gradi su tutto e per tutto, nel momento in cui si abbandona l'Italia questo tipo di protezione viene perduta. Per questo non è solo vivamente consigliato, ma in alcuni Paesi addirittura obbligatorio, stipulare una copertura sanitaria privata per far fronte alle proprie future esigenze.

Vi sono Paesi inoltre che per quanto si possa essere tutelati sul piano assicurativo non sono in grado di fornire servizi sanitari di primaria qualità. Termino questo capitolo infine ricordando che molto spesso all'estero è anche possibile incappare in tantissime fregature orchestrate molto spesso da soggetti in loco che sfruttano la buona fede degli ingenui emigrati circuendoli con mirabolanti proposte di investimento immobiliare.

In tal senso sarebbe sempre opportuno, prima di effettuare tali investimenti trascorrere un lungo periodo di permanenza attraverso la locazione temporanea di un alloggio turistico all'interno di strutture residenziali presidiate e vigilate. Non esiste in estrema sintesi nessun paradiso fuori dall'Italia, esistono Paesi che a fronte delle singole personalità e soggettività possono proporre delle aspettative di vita migliore per determinati ambiti e senza eccellere in termini assoluti su tutti gli altri Paesi: pertanto lo spirito di adattamento rappresenta una delle principali virtù da possedere qualora si decida di intraprendere questo nuovo percorso di vita.

13. THE FUCKING COUNTRY

Questo capitolo chiude questo pamphlet e lo fa dedicando un focus al nostro Paese, il quale dovrà nei prossimi decenni tentare di ricavarsi una propria nicchia di mercato a fronte dell'emersione di potenze economiche ed industriali con cui non potremmo mai competere direttamente.

L'Italia viene ancora ad oggi considerata come il grande malato d'Europa, un Paese in cui il PIL non cresce nonostante i continui moniti provenienti dalle agenzie di rating e dagli organismi internazionali; la disoccupazione è a livelli massimi dagli inizi degli anni Settanta, quella giovanile ormai si attesta oltre il 40%, secondo l'ISTAT la popolazione italiana è composta da oltre 10 milioni di poveri intendendo con questo termine chiunque abbia una disponibilità di reddito annuo netto inferiore ai 6.000 euro; in dieci anni abbiamo perduto oltre 120 mila piccole e medie imprese operanti sui settori produttivi un tempo orgoglio industriale del Paese; il debito pubblico ormai si dimostra una variabile fuori controllo in cui nessuno sembra essere capace di tenerla a bada e soprattutto ridimensionarla.

I recenti scandali finanziari della classe politica, ricordiamo le inchieste sull'Expo di Milano e sul consorzio Venezia Nuova per la realizzazione del MOSE, trasmettono un Paese allo sbando in cui il peggio sembra non avere mai fine. Arriviamo da tre governi non eletti, uno peggio dell'altro dopo aver assistito ad un colpo di stato nel 2011, orchestrato e voluto dall'establishment internazionale per destabilizzare e deporre Silvio Berlusconi. L'attuale presidente, Matteo Renzi, sembra più un PR impegnato a promuovere un lifting alla classe politica italiana piuttosto che puntare al risanamento nazionale partendo dall'aggressione alle voci di spesa pubblica del nostro Paese che ancora oggi nessuno ha avuto mai il coraggio di intaccare.

Purtroppo il suo governo manca di un elemento determinante per garantire la svolta alla nazione. Mi sto riferendo all'effetto shock, ovvero una manovra di finanza pubblica che riesca a ridimensionare la fiscalità diffusa di 120/130 miliardi, in particolar modo colpendo proprio l'assistenza sanitaria e l'amministrazione dello Stato con tutti i vari enti pubblici e locali. Se ricorderete bene ad inizio 2014, verso la metà di febbraio, la redazione della trasmissione radiofonica "La Zanzara" organizzò un sensazionale scherzo telefonico all'allora ex ministro Fabrizio Barca, esponente e dirigente del Partito Democratico. Durante la telefonata registrata, Barca rivelò ad un finto Presidente della Puglia, Nichi Vendola, di come presto il Paese si sarebbe accorto che le proposte di Renzi sarebbero state solo puro avventurismo politico.

Sappiamo da anni che cosa questo Paese deve intraprendere per diventare più competitivo, per essere più attraente nei confronti dei capitali esteri e soprattutto per mettersi nelle condizioni di uscire almeno dalla depressione economica e socioeconomica in cui ormai si è insabbiato. Due anni fa ce lo chiese l'Europa attraverso la BCE con una lettera firmata dall'allora Governatore uscente Trichet, evidenziando 39 punti strategici sui quali il nostro Paese avrebbe dovuto concentrarsi quanto prima.

In sintesi quella famosa lettera esternava la necessità di apportare riforme strutturali innovative in Italia che consentissero di diminuire sensibilmente la pressione fiscale sui contribuenti e sulle imprese, aumentare la flessibilità e la dinamicità del mercato del lavoro ed infine snellire i ritmi e le modalità di ricorso alla giustizia ordinaria. In sintesi estrema tasse, lavoro, giustizia. Quello che mi sento sempre dire da colleghi esteri ogni qualvolta sono invitato ad una tavola rotonda come guest speaker a raccontare le vicissitudini del mio Paese e descrivere il suo outlook economico.

Nessuno sino ad oggi ha mai intrapreso un processo di rinnovamento nel nostro Paese volto a concretizzare risultati nel breve termine in merito a queste tre tematiche strutturali. E' inutile continuare a nascondersi: per poter ridimensionare la pressione fiscale in misura rilevante, e con questo termine significa una riduzione di 10-15 punti percentuali, è necessario intervenire attraverso manovre di taglio e contenimento della spesa pubblica, andando soprattutto a colpire la vera casta del Paese, ovvero i dipendenti ed i dirigenti pubblici.

Ricordiamo a tal fine come i 3,5 milioni di lavoratori del settore pubblico, suddivisi tra statali e parastatali, rappresentano oggi un esercito di soggetti intoccabili, da ogni punto di vista. Un quarto di loro li possiamo considerare dei parassiti per il Paese, essendo questi ultimi costituiti da raccomandati, incompetenti ed inetti che tuttavia rappresentano un prezioso bacino di elettori per il voto di scambio.

E' inutile girarci tanto attorno, il peso dei sindacati in Italia ormai ha assunto proporzioni inaccettabili, gran parte degli imprenditori che fuggono dal nostro Paese lo fanno sia per ritrovare un ambiente fiscalmente meno opprimente e soprattutto anche un mercato del lavoro più "investment and business friendly". Come ho avuto modo di sentire durante uno speech di colleghi provenienti da altri Paesi, che si confrontavano sulle potenzialità di delocalizzazione imprenditoriale al di fuori dei nostri confini nazionali, l'Italia è una dittatura comunista travestita da repubblica.

Purtroppo. Quante volte avete sentito parlare durante i talk show italiani che il nostro Paese, per quanto stia soffrendo, in questo momento rappresenta sempre la seconda manifattura industriale in Europa. Mai un'affermazione può essere tanto infelice, soprattutto se guardiamo dove si troverà l'Italia nei prossimi cinque anni nella classifica di ranking mondiale, dalla sesta posizione attuale, quella che ci ha consentito di far parte del G7 e del G8, scenderemo se tutto va bene in decima posizione dietro a Brasile ed India.

L'Italia sta vivendo un processo di decadenza economica ormai inarrestabile a causa di fenomeni di deindustrializzazione e di emigrazione d'eccellenza. A tal riguardo considerate come dal 2000 i migliori laureati italiani e i migliori imprenditori italiani ormai se ne sono andati nella speranza di cercare un Paese più accogliente per le loro aspettative professionali ed imprenditoriali. L'Italia per questa ragione si sta trasformando in un Paese ormai in svendita, un Paese che viene acquistato un pezzo alla volta da raider, speculatori e investitori stranieri. Vi sono Paesi che sul piano finanziario si vantano di avere le tre A, a dimostrazione di un'ineccepibile e ottima capacità di rimborsare il proprio debito.

Vi è poi un Paese unico al mondo, come l'Italia appunto, che al posto delle tre A può vantare di avere le quattro A, quattro lettere che rappresentano le iniziali dei quattro settori produttivi strategici che hanno fatto grande il Made in Italy in passato e tutt'oggi continuano a portarne in alto il nome: alimentare, abbigliamento, automazione e arredamento.

Le aziende che sono state rilevate o di cui ne è stato acquisito il controllo sono riconducibili proprio a realtà imprenditoriali operanti in uno di questi quattro settori economici. Prima di elencare alcuni dei brand più rinomati che sono passati da mani italiane a mani straniere ricordiamo come solo le due grandi aziende di bandiera ormai di italiano hanno ancora ben poco: Telecom Italia è controllata da Telefonica, l'azienda spagnola leader nelle telecomunicazioni, e recentemente in Alitalia è diventato azionista di maggioranza la società emiratina Ethiad, nella speranza che questo nuovo azionista possa finalmente mettere le ali al nostro vettore nazionale.

Non dimentichiamo il settore bancario, di cui ne abbiamo già fatto menzione all'interno del capitolo ad esso dedicato: le principali banche italiane hanno come primo azionista di riferimento il gruppo finanziario statunitense BlackRock. Che dire dopo di due grandi squadre di calcio, l'Inter e la Roma, la cui proprietà è diventata rispettivamente indonesiana e statunitense. L'elenco di marchi dell'abbigliamento e del lusso acquisiti da buyer stranieri in questi ultimi anni è piuttosto significativo: Bulgari, Zegna, Valentino, Poltrona Frau, Krizia, Bottega Veneta e Loro Piana. Non dimentichiamo anche il settore dell'automazione con Lamborghini, che oggi è stata acquisita dalla Volkswagen, Ducati, Indesit ed i Cantieri Ferretti, leader mondiali nella produzioni di yacht per nababbi con i marchi Pershing e Riva, oggi controllati dalla Shandong Heavy Industry Group (holding cinese operante nel settore dell'automotive).

Tuttavia è il settore alimentare quello che ha sprigionato il maggior numero di acquisizioni a fronte dell'interesse che la nostra cucina vanta in tutto il mondo, cominciamo uber alles con Parmalat, acquisita da Lactalis nel 2010. Tre multinazionali, Danone, Unilever e Nestlè, si sono date allo shopping allegro acquisendo grandi aziende storiche nel settore dell'alimentazione, ricordiamo Eridania, Algida, Pernigotti, Saiwa, Sperlari, Gancia, Buitoni, persino le acque italiane come Ferrarelle, Fabia, Boario, Sangemini, San Pellegrino, Levissima, Panna e Recoaro sono di proprietà straniera.

E' abbastanza comprensibile aspettarsi come nei prossimi dieci anni l'Italia si trasformerà in un feudo di stranieri - fondi sovrani ed investitori istituzionali - che lentamente e progressivamente acquisteranno il meglio che abbiamo prodotto e realizzato negli ultimi 30 anni. Il tutto rappresenta in un certo senso un disonore per gli italiani, in quanto se così tante nostre aziende vengono rilevate da stranieri significa che come imprenditori siamo persone capaci di creare valore, purtroppo questo valore non siamo in grado ostentarlo anche nell'amministrazione della cosa pubblica.

Mi auguro che di finito vi sia almeno questo nei prossimi anni, ovvero confido che in qualche modo si possa attuare quel cambiamento improvviso che inneschi un processo di risanamento e ristrutturazione nazionale che tutti quanti noi invochiamo ormai da anni.

MANIFESTO ECONOMICO PER L'ITALIA

Dal confronto e feedback ricevuto con le parti sociali e le organizzazioni produttive, i lavoratori occasionali assieme a piccole e medie imprese, nasce questa mia view di nuova politica economica volta al rilancio della nostra nazione e di quelle potenzialità ancora inespresse a causa dell'immobilismo politico attuale. Il Manifesto Economico per l'Italia | MEI è un programma di interventi di portata economica con istituzione e definizione di strumenti operativi ad hoc, politicamente trasversale, con l'obiettivo di ridimensionare e razionalizzare la spesa pubblica, abbassare considerevolmente il carico fiscale abrogando parte della fiscalità diffusa ritenuta sgradevole dall'opinione pubblica, creare i presupposti per una maggiore vivacità sul mercato del lavoro, generando nel contempo un ambiente maggiormente business and investment friendly in numerosi settori strategici dell'economia italiana.

Economia

1) Detassazione integrale degli utili reinvestiti per l'ammodernamento, l'ampliamento e la riconversione dei mezzi di produzione, per le attività di R&D (ricerca e sviluppo), per la formazione e riqualificazione delle risorse umane interne all'impresa. Gli utili non distribuiti godono di un beneficio fiscale pari ad un abbattimento del 25% dell'IRES.

2) Istituzione degli OTIF (Obbligazioni del Tesoro con Incentivo Fiscale): titoli di stato ibridi di nuova

generazione rivolti esclusivamente ad investitori e risparmiatori privati con un tasso di interesse fisso al 2.5% ed una scadenza decennale, impignorabili ed insequestrabili, privi di prelievo fiscale sull'interesse maturato, che producono per ogni anno di detenzione del titolo uno sconto in punti percentuali sull'ultima aliquota IRPEF in relazione al taglio del titolo stesso.

3) Estensione alla deducibilità di nuove spese per il contribuente: deduzione dall'imponibile con aliquota al 50% senza limite di importo delle spese ordinarie riguardanti la manutenzione generica della propria abitazione, delle spese per la manutenzione e fruizione di uno o più mezzi di trasporto e degli oneri di assistenza e difesa legale.

4) Accorpamento amministrativo: i Comuni continueranno a mantenere la loro identità geografica, ma vi sarà un unico polo amministrativo e consiglio comunale per aree urbane con un bacino massimo di 25.000 abitanti.

5) Inasprimento doganale: istituzione di certificati di qualità, oltre a requisiti ed attestati di processo produttivo per il monitoraggio e controllo di qualità della merce in ingresso alle dogane nazionali, con particolare riguardo a prodotti, confezioni e semilavorati provenienti da paesi non aderenti all'Unione Europea.

6) Soppressione dell'IMU sulla prima casa e sugli immobili adibiti ad attività produttive, commerciali e professionali. La copertura finanziaria di questa proposta si individua nell'istituzione di un Prelievo Temporaneo di Sostenibilità Economica di entità stimata al 2% su tutte le pensioni al netto di una

franchigia individuale di Euro 500. Tale prelievo è previsto avere una durata temporanea di natura triennale.

7) Istituzione della Property Tax per le seconde case: l'imposta è dovuta sulla base di un coefficiente di conversione prestabilito moltiplicato per il numero di metri quadrati di superficie interna effettivamente calpestabile. Tale coefficiente oscilla all'interno di una forbice compresa tra un minimo di Euro 3.00 ed un massimo di Euro 5.00 a seconda della tipologia abitativa e dell'area di ubicazione all'interno di ogni Comune. Il calcolo dell'imposta avviene mediante autodeterminazione (con arrotondamento per eccesso ai cinque metri quadrati superiori) a cura del contribuente e presuppone il versamento in un'unica soluzione mediante bollettino postale.

8) I cittadini comunitari che decidono di acquistare un immobile in Italia in qualità di casa vacanze beneficiano della totale esenzione fiscale dalla Property Tax e godono di uno sgravio fiscale pari al 50% degli oneri ordinari di trasferimento (IVA o Imposta di Registro).

9) Condono Fiscale Condizionato: possibile regolarizzazione di tutte le attività finanziarie e patrimoniali detenute in maniera illecita all'estero alla data del 31 Dicembre 2013 a fronte di una sanzione risarcitoria pari al 10% dell'importo condonato con obbligo inderogabile di rimpatrio delle somme da destinare alla sottoscrizione e detenzione di OTIF sino alla data di rimborso previsto.

10) Accertamento tributario: abrogazione degli studi di settore e soppressione delle modalità e degli

strumenti di accertamento sintetico del reddito.

Banche e Mercati Finanziari

1) Commissariamento bancario: le quote di partecipazione al capitale delle fondazioni bancarie all'interno dei grandi gruppi bancari italiani devono essere commissariate dal MEF (Ministero dell'Economia e delle Finanze), mantenendo e garantendo l'attuale assetto proprietario, tuttavia demandando la governance di tali istituti di credito e le loro politiche di affidamento del credito ad un team di gestori ministeriali.

2) Nuovi benefici fiscali per la quotazione all'AIM Italia (Alternative Investments Market, il nuovo mercato azionario regolamentato, dinamico e poco oneroso, per la quotazione delle piccole e medie imprese). I proventi conseguiti da operazioni di compravendita dei titoli quotati sono privi di tassazione tanto per gli operatori istituzionali che per i singoli privati: inoltre le aziende che decidono di quotarsi beneficiano di un regime fiscale privilegiato con un'aliquota IRES ridotta. La nuova piattaforma di negoziazione per l'attrazione di nuovi capitali di rischio ha lo scopo di incentivare ed aiutare la ricerca di partner finanziari esterni in capitale di rischio in modo da spingere le piccole e medie imprese italiane ad abbandonare il canonico canale di finanziamento bancario.

3) Nuova tassazione ed incentivi per il Crowd Funding: i soggetti di diritto italiano specializzati e focalizzati nella raccolta di capitale di rischio per il finanziamento di progetti di start-up imprenditoriale,

esclusivamente realizzabili ed implementabili nel territorio italiano, godono di un regime fiscale privilegiato con l'applicazione di un'aliquota IRES pari ad 1/5 di quella ordinaria. Le plusvalenze ed il reddito generato dai soggetti privati che conferiscono ed investono denaro sotto forma di capitale di rischio utilizzando piattaforme di crowd funding o analoghi sistemi di raccolta godono di una totale esenzione fiscale.

Lavoro

1) Istituzione giuslavoristica del contratto o clausola R.U.DA.L. (acronimo di Risoluzione Unilaterale da parte del Datore di Lavoro): contratto di lavoro a tempo indeterminato che consente di assumere a tempo indeterminato, garantendo l'opzione di risoluzione del rapporto di lavoro senza incorrere in vertenze sindacali, cause di lavoro per ingiusto licenziamento o peggio condanne al reintegro del lavoratore dipendente. La peculiarità del RUDAL consente invece al lavoratore dipendente di esigere una diversa ed inversa retribuzione mensile a fronte della tempistica di preavviso. Questo significa che al lavoratore dipendente, che accetta il contratto o la clausola RUDAL, verrà corrisposto un compenso mensile (salario/stipendio) per la mansione svolta che sarà tanto più elevato quanto minore sarà il tempo di preavviso. In sintesi estrema chi lavora a tempo indeterminato e accetta la risoluzione contrattuale unilaterale con un tempo di preavviso ristretto (un mese o tre mesi) riceve una retribuzione mensile più elevata di chi non ha la clausola RUDAL o ha più ampi preavvisi temporali (sei, nove, dodici, diciotto mesi). Rimane pacifico che alla comunicazione di cessazione del rapporto non vi è possibilità alcuna di ricorrere in

giudizio o di richiedere la concertazione sindacale.

2) Istituzione ed incentivazione del teleworking: sgravi fiscali e minori oneri contributivi tanto per le aziende quanto per i lavoratori dipendenti che concordano con la propria azienda il trasferimento di determinate mansioni, compiti e servizi in teleworking. La maggior parte degli impiegati nel settore terziario lavora innanzi ad un personal computer collegato ad una rete di dati interna o ad un cloud. Grazie alle nuove tecnologie nella trasmissione dei dati adesso è possibile trasferire efficientemente in outsourcing (quindi lavorare da casa) alcune mansioni e compiti operativi all'interno delle piccole e medie imprese sfruttando i benefici del teleworking.

Salute ed Assistenza Sanitaria

1) Istituzione della Health Tax (Tassa sulla Salute del Contribuente): imposta che colpisce le persone fisiche dal compimento del sedicesimo anno di età sino all'età del pensionamento, le quali devono partecipare alla spesa sanitaria in base a quanto gli stessi per ragioni induttive saranno imputate a generare nel corso degli anni. L'entità dell'imposta viene commisurata ad una variabile personale denominata VIS (Valutazione di Incidenza Sintetica sui costi economici dell'assistenza sanitaria) determinata mediante un modello matematico correlato ad alcuni parametri vitali dell'organismo umano (come trigliceridi, colesterolo, peso corporeo, glicemia, pressione arteriosa e così via) indicativi dello stile di vita alimentare e salutare del contribuente. L'introduzione della Health Tax consente la totale soppressione dell'IRAP e una sensibile diminuzione

delle aliquote IRPEF per tutti i contribuenti, grazie ad un ridimensionamento e razionalizzazione della spesa sanitaria: essa rappresenta la strada obbligata per mantenere il sistema di assistenza sanitaria sostenibile generando consapevolezza e virtuosismo nei contribuenti. La finalità dell'imposta basata sulla constatazione che prevenire è meglio che curare induce il contribuente a produrre comportamenti personali atti a monitorare e migliorare il più possibile il proprio stato di salute: pertanto, sul piano della rilevanza giuridica, la Health Tax non si pone in posizione di incostituzionalità, in quanto il mantenimento e la ricerca di un ottimale stato di benessere psicofisico per il singolo contribuente rappresentano oggettivamente un interesse collettivo. La dinamica demografica che caratterizza il nostro paese al pari di altre economie avanzate non permette di mantenere in essere l'attuale modalità di erogazione delle prestazioni di assistenza sanitaria nei prossimi anni, obbligando pertanto i futuri governi ad alzare progressivamente la contribuzione privata obbligatoria, qualora non vengano intraprese misure di razionalizzazione della spesa.

2) Nuove modalità di fruizione dei L.E.A. (Livelli Essenziali di Assistenza): i servizi di pronto soccorso ospedaliero, i test diagnostici, l'assistenza medica di base e l'assistenza farmaceutica erogata attraverso le farmacie territoriali sono fruibili a fronte di un Contributo Unificato di Sostenibilità (C.U.S.) per l'assistenza sanitaria, il quale sopprime definitivamente l'attuale ticket sanitario. Tale contributo è correlato positivamente al proprio livello di VIS (Valutazione di Incidenza Sintetica sui costi economici dell'assistenza sanitaria) sulla base di un piano tariffario predefinito a griglia per livelli di

lettura. Questo comporta quindi che, ad esempio, la richiesta di un farmaco medicinale con prescrizione medica presso una farmacia territoriale comporti il sostentamento da parte del contribuente di un onere economico tanto maggiore quanto più elevato è il suo livello di VIS.

3) Istituzione del Registro Pubblico degli Indigenti e del Registro Pubblico dei Diversamente Abili: i soggetti caratterizzati da indigenza economica temporanea o permanente e i soggetti con diversa abilità o appartenenti a speciali categorie protette sono iscritti d'ufficio in tali registri a consultazione pubblica. L'iscrizione a tali registri produce la totale esenzione dal pagamento del CUS.

4) Istituzione del Meccanismo Ibrido Retributivo dei Medici di Base (M.I.R.ME.B.) che suddivide la loro retribuzione in due parti, una fissa ed una variabile. La parte fissa viene corrisposta attingendo dalle risorse della fiscalità diffusa sotto forma di Retribuzione Minima Garantita (R.M.G.) mentre quella variabile viene determinata direttamente dai compensi percepiti dai pazienti stessi in relazione al volume complessivo di prestazioni erogate dal medico. Questo comporta che i medici di base non saranno più remunerati in via principale in base al numero di contribuenti che hanno in carico, in quanto le visite mediche generiche diventeranno onerose per il contribuente sulla base di una tariffazione correlata al proprio livello di VIS, fatte salve le prestazioni erogate per casi d'urgenza ed emergenza e i soggetti iscritti nei registri pubblici delle fasce sociali protette.

5) Istituzione della Fat Tax per la tassazione specifica del junk food (alimenti che hanno un

contenuto rilevante di zuccheri, sale e grassi) e delle bevande iperzuccherate (le cosidette soft drinks).

6) Istituzione della Facoltà di Scelta Terapeutica: il contribuente ha la possibilità di optare per la somministrazione di terapie sperimentali e/o non convenzionali anche in deroga ai vincoli imposti dalle vigenti regolamentazioni ministeriali. Con tale proposta vengono abrogate le vaccinazioni obbligatorie, che rimangono comunque fruibili in ottica facoltativa e non onerosa per il contribuente.

Pubblica Amministrazione

1) Istituzione del PI.VA.DI.P. ovvero Piattaforma di Valutazione dei Dipendenti Pubblici: facoltà per i contribuenti di poter valutare personalmente il servizio e l'operato erogato dal singolo dipendente pubblico tramite una piattaforma online per il rilascio di feedback negativi. Ogni contribuente può inviare una segnalazione nei confronti di un dipendente pubblico con cui ha avuto modo di interfacciarsi. L'accesso al portale, tramite registrazione con il proprio codice fiscale, permette di inviare una considerazione con feedback negativo denominata Contestazione Assertiva del Contribuente (C.A.C.) nei confronti del singolo dipendente pubblico in questione, quest'ultimo identificato da uno specifico codice alfanumerico. Alla fine di ogni anno solare il contatore si azzera e riparte: il dipendente pubblico che non ottiene alcun CAC all'interno di ogni anno solare matura uno sgravio fiscale di euro 1.000 sotto forma di detrazione sulle imposte dirette dovute.

2) Passaggio d'ufficio al RUDAL: ai dipendenti

pubblici che raggiungono all'interno di ogni anno solare un numero di CAC uguale o superiore a cinque viene sostituito d'ufficio il contratto originario di assunzione con un nuovo contratto di lavoro a tempo indeterminato con clausola RUDAL. Al dipendente pubblico viene concesso di presentare una memoria difensiva per contestare e tentare di fornire una giustificazione sui CAC ricevuti. La decisione insindacabile di imposizione del contratto RUDAL d'ufficio viene assunta da un Consiglio di Saggi esterno all'ente pubblico presso cui il lavoratore dipendente presta servizio dopo averlo ascoltato ed intervistato. La decisione di accoglimento o di rigetto è inoppugnabile anche sul piano sindacale.

3) Riduzione del personale dipendente sulla base di interventi dedicati in modalità forcing out all'interno delle Pubbliche Amministrazioni nei confronti di lavoratori dipendenti in prossimità dell'età pensionabile (entro i successivi 24 mesi) al fine di avviare un programma di snellimento del personale dipendente. Istituzione ad hoc di un meccanismo di versamento contributivo relativamente alla finestra temporale di anticipo alla pensione per i lavoratori forced out, strutturato su un contributo in capo al lavoratore che viene forzato ad uscire ed un prelievo di sostenibilità economica sugli altri lavoratori dipendenti in forza all'interno della medesima unità o area produttiva.

Agricoltura

1) Istituzione dell'A.I.D.A. acronimo di Authority Italiana per le Derrate Agroalimentari, organismo indipendente garante della sostenibilità economica tra

le filiere produttive del settore primario e la Grande Distribuzione Organizzata avente il compito di interporsi tra la domanda e l'offerta di mercato al fine di riequilibrare la redditività ed il valore aggiunto per i vari attori di mercato all'interno dei vari settori di produzione. Sul piano pratico l'AIDA ha come obiettivo principe quello di monitorare, controllare e limitare la concorrenza sul mercato tra i diversi attori, mirando ad una più equa ripartizione del valore aggiunto tra GDO e filiere produttive, utilizzando qualora ve ne fosse la necessità anche atti ed interventi in regime di monopolio al fine di tutelare e garantire la prosperità e convenienza economica del settore primario italiano.

2) Riqualificazione dei terreni e delle produzioni agricole e zootecniche: le imprese del settore primario che provvederanno a riqualificare i terreni e le produzioni agricole e zootecniche riconvertendosi in produzioni a regime biologico o biodinamico godranno della totale esenzione delle imposte dirette per un arco di tempo decennale.

Turismo

1) Istituzione dell'I.T.A. ovvero acronimo di Italian Tourism Authority, organismo ibrido concepito come unica cabina di regia nazionale per la promozione e sviluppo del potenziale turistico italiano all'estero ed unico referente operativo con gli attori di mercato. L'Authority nasce come fondo sovrano di investimento in cui il 51% della quota di controllo è detenuta dal MEF (Ministero dell'Economia e delle Finanze) ed il restante 49% è collocato sul mercato ad operatori istituzionali e fondi di investimento esclusivamente stranieri. Il fondo gestisce tutti i diritti di sfruttamento

in via esclusiva delle principali risorse ed attrazioni turistiche del paese (dai poli museali ai parchi nazionali). Il management del fondo, affidato ad un board di attori turistici internazionali ha l'obbiettivo di generare proventi da distribuire tra gli azionisti oltre a remunerare la dotazione delle risorse disponibili in portafoglio.

2) Riqualificazione della ricezione alberghiera: viene concessa la facoltà di riqualificare completamente le vecchie ed obsolete strutture alberghiere italiane sia tramite demolizione con successiva ricostruzione oppure anche tramite cambio di destinazione con procedure autorizzative di silenzio assenso. Tali operazioni di riqualificazione producono in capo alle imprese che le implementano esenzioni fiscali totali sulle imposte dirette per una durata decennale.

3) Realizzazione di dieci casinò nazionali in project financing con operatori stranieri del settore a cui affidare successivamente la gestione delle case da gioco: plausibili città candidate all'insediamento sono Roma, Firenze, Rimini, Milano, Napoli, Bari, Palermo e i tre comprensori turistici di prestigio, Dolomiti, Versilia e Costa Smeralda.

Energia

1) Istituzione del M.I.P.E.F. ovvero acronimo di Meccanismo di Incentivazione della Produzione di Energia da Fotovoltaico consistente in un piano decennale di sgravi fiscali sottoforma di riduzione delle aliquote fiscali per tutti i soggetti privati (imprese e persone fisiche) che producono energia

elettrica da fonte solare immettendo in rete l'output generato e prelevando in un momento successivo l'energia necessaria a soddisfare le proprie esigenze. Il MIPER non presuppone un contributo finanziario associato alla produzione come avviene invece al momento con il riconoscimento degli incentivi erogati dal GSE attraverso i vari Conti Energia, quanto piuttosto un consistente sconto fiscale di durata decennale sulle aliquote IRPEF e IRES. L'Italia può diventare un paese esportatore di energia verde grazie ad un costante surplus di offerta interna che produrrà le condizioni di mercato per un sensibile abbassamento del prezzo dell'energia.

2) Programma nazionale di massivo sviluppo dell'idroelettrico, dell'eolico e delle biomasse attraverso operazioni di finanziamento in private equity sia con investitori privati che investitori istituzionali. Individuazione dei siti e dei comprensori di possibile insediamento attraverso una specifica Legge Obiettivo in deroga alle vigenti richieste di concessione o nulla osta. Le società veicolo appositamente dedicate per la produzione di energia da fonte rinnovabile beneficiano di una integrale esenzione dal pagamento delle imposte dirette per una durata decennale.

Immigrazione

1) Istituzione dell'Immigration and Checkpoint Authority: autorità di vigilanza e controllo dei flussi migratori basata sul concetto di utilità del migrante al nostro sistema paese, mirante a una rigida selezione degli ingressi sulla base di specifiche necessità demografiche e/o lavorative.

2) Assicurazione sanitaria obbligatoria e deposito cauzionale: tutti gli extracomunitari regolari sono obbligati a stipulare una copertura assicurativa privata per l'assistenza sanitaria specifica oltre al versamento di un deposito cauzionale di Euro 5.000 presso la Cassa Depositi e Prestiti svincolabile solo con l'acquisizione dello status di cittadino italiano o in caso di rimpatrio nel proprio paese di origine.

3) Istituzione dei Bonus di Segnalazione: il contribuente italiano che segnala la presenza alle autorità preposte di clandestini o lavoratori extracomunitari irregolari favorendone in tal modo la cattura e/o il fermo giudiziario riceve un Bonus di Segnalazione pari a Euro 1.000 da utilizzare come credito di imposta per il proprio carico fiscale.

Prostituzione

1) Istituzione della S.E.S.I.U.S. TAX intesa come acronomo di Soggetti Erogatori di Servizi di Intrattenimento e di Utilità Sociale, riferendosi tanto a chi si prostituisce in modalità convenzionale quanto a chi si rivolge a mercati di nicchia. La Sesius Tax è concepita come una licenza amministrativa che prevede, a pagamento, un rinnovo annuo in base alla tipologia di attività di intrattenimento sessuale che si desidera esercitare: in questo modo eventuali fenomeni di repressione o l'attività sanzionatoria diventano di facile ed intuibile implementazione. I vantaggi e benefici per la collettività si possono identificare su tre diversi piani: monitoraggio sanitario, sicurezza pubblica ed infine un aumento del gettito fiscale grazie agli introiti provenienti dai

rinnovi annui. Il vantaggio della licenza al posto dell'obbligo di rilascio di una imbarazzante ricevuta fiscale per ogni prestazione ha lo scopo di evitare fenomeni di evasione fiscale più che altro dovuti a motivazioni di privacy della clientela.

2) Realizzazione dei Sex Parking Meters: aree di stazionamento in cui è consentita l'occupazione di suolo pubblico per l'attività di adescamento sessuale per tutti i soggetti regolarmente titolari di una licenza SESIUS a fronte del pagamento di una tariffa oraria prestabilita.

Giustizia

1) Istituzione dell'O.C.C.A. inteso come acronimo di Opzione Consensuale di Compromesso Arbitrale attraverso la quale due soggetti privati decidono consensualmente in via preventiva di risolvere eventuali conflitti in materia civilistica che potrebbero insorgere tra le parti, solo in via stragiudiziale ricorrendo al giudizio di un arbitro indipendente alle parti, nominato di comune accordo (l'arbitro può essere costituito anche da un collegio di arbitri a numero dispari). L'OCCA preclude successivamente la possibilità di adire alle tradizionali vie legali della giustizia ordinaria in quanto il giudizio arbitrale farà stato tra le parti ed avrà il medesimo valore legale di una sentenza di primo grado presso un tribunale civile. Il lodo arbitrale è insindacabile e inappellabile, questo significa che non è possibile ricorrere in appello. L'OCCA porta con se consistenti benefici: rapida tempistica di risoluzione della lite, minor onere economico della lite rispetto alla vie canoniche della magistratura ordinaria, risarcimento integrale degli

oneri arbitrali e degli oneri della difesa in capo al soggetto soccombente, totale detrazione degli oneri di difesa della parte vincente dall'IRPEF e dall'IRES. L'OCCA può essere applicato a qualsiasi tipologia di contratto o rapporto a titolo oneroso, anche e soprattutto quelli di lavoro.

2) Disincentivazione del ricorso al giudizio ordinario: indeducibilità integrale degli oneri imputabili alla difesa legale dal totale degli oneri deducibili (sia per le imprese che per le persone fisiche) per la parte soccombente o condannata. Tale disposizione si applica esclusivamente per i procedimenti civili.

NOTE SULL'AUTORE

Eugenio Benetazzo è economista indipendente e saggista economico fuori dal coro, conosciuto alla stampa di settore come il Nouriel Roubini italiano per il suo modo irriverente e dissacratore con cui analizza e racconta lo scenario macroeconomico contemporaneo.

Trader professionista e gestore di patrimoni indipendente, vive e lavora tra l'Italia e Malta, è considerato un vero e proprio guru finanziario soprattutto grazie alla sua ineguagliabile capacità di lettura e sintesi del panorama finanziario e socioeconomico della nostra epoca. I suoi seminari finanziari sulle dinamiche del risparmio gestito e sulle opportunità di investimento, convogliano migliaia di persone da tutta Italia desiderose di apprendere ed entrare in sintonia con il "Benetazzo Pensiero".

Le sue opinioni appaiono sempre più spesso sulla stampa finanziaria di settore, autentico personaggio cult nei palinsesti televisivi delle emittenti indipendenti, la sua figura è balzata agli onori delle cronache finanziarie per aver previsto e profetizzato con largo anticipo la crisi del 2008 con il saggio economico bestseller allora controcorrente scritto nel 2006 denominato "Duri e Puri: Aspettando un nuovo 1929" ed un ciclo di show finanziari itineranti in tutta Italia dal titolo Funny Money.

Nel 2009 ha pubblicato il pamphlet economico "Bancarotta" incentrato sulle conseguenze economiche della crisi dei mutui subprime, nel 2010 dimostra ancora di essere in grado di leggere meglio di chiunque altro il panorama finanziario, pubblicando "L'Europa sé rotta", anticipando di un anno la crisi del debito sovrano europeo esplosa nell'estate 2011.

Ricopre la carica di Presidente in Deltoro Holding, un incubatore finanziario configurato in società per azioni, di cui lui stesso è fondatore ed azionista, nato dall'aggregazione di centinaia di piccoli investitori e risparmiatori italiani desiderosi di cogliere le migliori opportunità di investimento attraverso un meccanismo decisionale basato sulla partecipazione collettiva di tutti gli azionisti.

Il suo tour itinerante con spettacoli di informazione finanziaria ha ormai attraversato tutta la penisola. Le sue analisi macroeconomiche sono richieste da una pluralità di interlocutori economici differenziati: Confindustria, UnionApi, Confartigianato, Ordini Professionali, Assessorati alla Cultura, Università di Stato, Movimenti e Forze Politiche, Associazioni Culturali e persino Scuole Superiori. Sono migliaia ormai in tutta Italia i bloggers che riportano e veicolano le sue recensioni sulle principali notizie economiche.

FONTI BIBLIOGRAFICHE

- OECD   www.oecd.org
- IMF   www.imf.org
- ECB   www.ecb.org
- FED   www.federalreserve.gov
- FAO   www.fao.org
- EU   www.europa.eu
- ASEAN   www.asean.org
- BIS   www.bis.org
- China Daily   www.chinadaily.com.cn
- Washington Post   www.washingtonpost.com
- The Guardian   www.theguardian.com
- New York Times   www.nytimes.com
- Economist   www.economist.com
- Times of Malta   www.timesofmalta.com
- Moody's   www.moodys.com
- ISTAT   www.istat.it
- MEF   www.mef.gov.it
- Nomisma   www.nomisma.it
- BlackRock   www.blackrock.com
- CNN   www.cnn.com
- Harvard Crimson   www.thecrimson.com
- Forbes   www.forbes.com

OPERE DELLO STESSO AUTORE

- **Duri e Puri, Aspettando un nuovo 1929**
  Macro Edizioni, 2006

- **Best Before, Preparati al peggio**
  Macro Edizioni, 2007

- **Banca Rotta**
  Sperling & Kupfer, 2008

- **L'Europa s'è rotta**
  Sperling & Kupfer, 2009

- **Padrone del tuo denaro**
  Sperling & Kupfer, 2010

- **Era il mio paese**
  Baldini Castoldi, 2011

- **Neurolandia**
  Chiarelettere, 2012

www.ingramcontent.com/pod-product-compliance
Lightning Source LLC
Chambersburg PA
CBHW021427170526
45164CB00001B/123